GOLD
NATURE AND CULTUER

黄金的魔力
一部金子的文化史

[美] 瑞贝卡·佐拉克 迈克尔·W.菲利普斯 著
李静滢 乔新刚 译

中国友谊出版公司

图书在版编目（CIP）数据

黄金的魔力：一部金子的文化史／（美）瑞贝卡·佐拉克，（美）迈克尔·W. 菲利普斯著；李静滢，乔新刚译. — 北京：中国友谊出版公司，2018.10
　书名原文：Gold
　ISBN 978-7-5057-4530-8

Ⅰ. ①黄… Ⅱ. ①瑞… ②迈… ③李… ④乔… Ⅲ. ①黄金(货币)－文化史－世界 Ⅳ. ①F821.9

中国版本图书馆CIP数据核字(2018)第247352号

著作权合同登记号　图字：01-2018-8575

Copyright©Rebecca Zorach and Michael W. Phillips Jr 2016

书名	黄金的魔力：一部金子的文化史
作者	[美] 瑞贝卡·佐拉克 [美] 迈克尔·W.菲利普斯
译者	李静滢 乔新刚
出版	中国友谊出版公司
发行	中国友谊出版公司
经销	新华书店
印刷	辽宁虎驰科技传媒有限公司
规格	710×1000毫米　16开 17印张　176千字
版次	2019年3月第1版
印次	2019年3月第1次印刷
书号	ISBN 978-7-5057-4530-8
定价	98.00元
地址	北京市朝阳区西坝河南里17号楼
邮编	100028
电话	(010) 64678009

版权所有，翻版必究
如发现印装质量问题，可联系调换
电话 (010) 59799930-601

目录
contents

1 引言：寻金
37 Ⅰ 黄金饰品
75 Ⅱ 黄金、宗教与权力
119 Ⅲ 黄金货币
145 Ⅳ 黄金艺术品

185 Ⅴ 从炼金术到外太空：黄金与科学
221 Ⅵ 黄金之祸
257 协会和网站
258 致谢

引言：寻金
In Search of Gold

黄金从文明肇始以来一直令人迷恋。作为最易成型和最有光泽的金属之一，黄金从人类社会早期就被加工成各种艺术品。人们发现的常常是含杂质较少的纯金，所以不需要复杂的熔炼技术。黄金硬度小，通常不用于制造工具（尽管现代科学已经发现黄金在这方面的多种用途），因此最早主要用于装饰。

促成人们把黄金用于货币的原因之一，或许正是由于黄金缺乏实际用途，而非其固有的美丽或尊贵特质。黄金如何与价值联系到一起，为什么黄金能成为弥足珍贵的货币媒介，这也许是无法回答的问题。是不是早期文明社会珍视黄金的品质，因而将其用作货币？是不是出于某种无法辨明的原因，自古以来的法令就规定人们把黄金作为货币，

《以色列人崇拜金牛》,英国插画家威廉·德·布雷勒(William de Brailes)用墨水、颜料和黄金在羊皮纸上绘制,约1250年。

因此我们才迷恋黄金，赋予它珍贵的特质？还需要注意的是，在历史上，黄金不仅激起过羡慕之心，也在评价财富和财富崇拜中代表真实价值的对立面，两者的程度几乎相仿。人类对黄金的欲望所引发的，正是关于价值本身的核心问题，关于意义本身的核心问题。

金元素是一种重金属元素。与较轻的元素不同的是，金元素不能在恒星内部通过熔融产生。目前科学家认为，宇宙中的黄金可能是垂死恒星（超新星）之间相互碰撞产生的。[①]在地球形成时，地球上的大部分黄金沉入了地心，总量可能达1600万亿吨，此外还有后来由陨石堆积而成的地表矿藏，也是人类可以开采到的所有黄金。[②]形成人类可开采的黄金矿藏的陨石碰撞发生在很久以前。人类开采过的黄金中的40%来自南非的威特沃特斯兰德地区，该地区的金矿床有30亿年的历史，比地球年轻15亿年。相比之下，人类发现并使用这种金属只是较近时期的事情。然而在人类历史的早期，人们就已经使用黄金了。在每个大陆都发现了黄金，这是史前人类最早开采和使用的金属之一。

人们发现的原生金矿或是颗粒形态，或是嵌入玄武岩和花岗岩等矿藏的矿脉中，也以矿石形态存在于名为"浊流岩"的岩层中，浊流岩是通过远古海洋的作用力形成的沉积岩层。黄金与黏附黄金的岩石构成的混合体称为金"矿石"。含在岩石中的黄金也叫"黄金矿脉"。黄金常与石英和黄铁矿（也叫"黄

---

① 艾琳·韦曼（Erin Wayma），《中子星残骸中发现的黄金》（"Gold Seen in Neutron Star Debris"），《科学新闻》（Science News），CLXXXIV/ 4 (24 August 2013)，P.8.
② 安妮·沃顿（Anne Wootton），《地球内部的诺克斯堡》（"Earth's Inner Fort Knox"），《发现》（Discover），XXVII/9，p.18.

矿工和他们的妻子同"欢迎陌生人金块"(Welcome Stranger Nugget)的发现者理查德·奥茨、约翰·蒂森及其妻子合影留念的蛋白银肖像相片,1869年。

lbs.   *H Parker*
                                    artist

Deason & Oats
me Stranger nugget

阿格里科拉（Agricola）《论冶金》（1556）中的《探矿》木刻插图。

铁金"）共生，是典型的含银或铜的天然合金。纯天然金块也可能是细菌活动的结果。科学家已经专门研究了两种细菌：代尔夫特食酸菌和耐金属含铜菌，它们对重金属毒性具有遗传抗性。目前已证明，这两种细菌能把黄金溶解为纳米粒子，这些纳米粒子可以穿过沉积物，合成为天然金块。①

---

① 弗兰克·瑞思（Frank Reith）等.《黄金的生物矿化：自然金上的生物膜》（"Biomineralization of Gold: Biofilms on Bacterioform Gold"）.《科学新系列》（Science New Series），CCCXIII/5784 (14 July 2006)，pp.233—236；查德·W. 约翰斯顿（Chad W.Johnston）等. 由《黄金微生物产生的金属负荷物引发的黄金生物矿化》（"Gold Biomineralization by a Metallophore from a Gold-associated Microbe"）.《自然化学生物学》（Nature Chemical Biology），IX/4 (2013)，pp.241—243.

提到发现黄金，人们都会想到有光泽的金块，它们主要是在"砂金"矿中发现的，岩石受到侵蚀后形成的黄金微粒沉积在河流和小溪的岸中，形成高密度的金块（"砂金"的英文"Placer"来自表示"沙滩"的西班牙词汇）。不过，最大的天然金块是在地下矿藏中发现的。名为"欢迎陌生人"的金块提纯后的重量为71.018千克，是1858年在澳大利亚发现的，1859年在伦敦熔炼，它可能是迄今为止发现的最大金块。1983年，人们在巴西帕拉州发现了名为"卡娜"（Canaā）的金块，含金量52.332千克，是当今现存的未被熔炼的最大天然金块，而它所属的天然金块甚至有可能比"欢迎陌生人"更大。

淘金者运用一些非比寻常的手段寻找金矿，包括探金术（使用特殊形状的木棒试图识别地下的黄金发出的电磁脉冲）、黄金梦（据说19世纪的爱尔兰寻宝者曾根据梦里的信息成功找到黄金），还有现代使用的各种生物指示器（例如，马尾能吸收大量黄金，可以用作富含这种金属的土壤指示器）[①]。但在历史上，开采黄金的尝试大多源于在水体中偶然发现的一小块天然黄金，譬如说，詹姆斯·W. 马歇尔（James W. Marshall）在参加修建锯木厂尾水渠或水槽的过程中发现了黄金，结果引发了加利福尼亚的淘金热。其实，在铜石并用的时代，最早的淘金者可能使用了砂矿淘金技术，也就是通过漂洗沙砾得到金片

[①] 玛伊琳·尼·琪琳（Máirín Ní Cheallaigh），《19世纪爱尔兰纪念碑破坏机制：古玩收藏家的恐惧、克伦威尔和黄金梦》（"Mechanisms of Monument-destruction in Nineteenth-century Ireland: Antiquarian Horror, Cromwell and Gold-dreaming"），《爱尔兰皇家学院论文集，C卷：考古学、凯尔特研究、历史、语言学、文学》（Proceedings of the Royal Irish Academy. Section c: Archaeology, Celtic Studies, History, Linguistics, Literature），CVIIC (2007), pp.127-145；弗兰克·索恩（Frank Thone），《自然漫话：淘金热》（"Nature Ramblings: The Gold Rush"），《科学新闻》（Science News-Letter），XLIII/10 (6 March 1943), p.157.

冈萨洛·费尔南德斯·德·奥维耶多·易德斯（Gonzalo Fernández de Oviedo y Valdés），《殖民时代早期淘金的印第安人》，木刻（1547）。

和金块，具体情况可从有关加利福尼亚淘金热的影片中得到了解。淘金术的一种形式就是，在装着水的大盆中过滤沙砾，直到密度高于其他物质的黄金沉在盆底。在大规模的淘金活动中，淘金者可以把沙砾铲入"洗矿槽"或"摇动槽"；甚至还有规模更大的情况，淘金者通过增压喷水冲走岩石或沉积物，把矿泥冲入洗矿槽。

倘若能把人类开采过的所有黄金汇聚到一起，得到的将是

一个边长超过20米（65英尺），重17.6万吨的黄金立方体。①隐藏在地表以下的金矿通过开挖隧道或露天开采方式采掘。虽然首先进行的可能是浅层矿开采，但是深挖开采矿产资源的做法由来已久。佐治亚州南部的采矿活动可以追溯到青铜时代之初的公元前4000年。公元前1300年左右，埃及人开始在努比亚开采地下黄金，他们发明了一套复杂的采矿工艺。指代黄金的古埃及象形文字复杂多样，对黄金的颜色、纯度和来源地都进行了区分。

罗马人或许是从埃及人那里学到了采矿技术。他们的采矿活动遍及整个罗马帝国，并向北扩展到威尔士的多莱克西，

---

① 《汤森路透CFMS黄金调查，2014》(*Thomson Reuters CFMS Gold Survey*, 2014), p.53, 见 https://forms.thomsonreuters.com/gfms/.

詹姆斯·梅·福特（James May Ford），《男孩和采金玩具》，采用人工着色的达盖尔银版照相法拍摄。

向西扩展到西班牙西北部莱昂省的拉斯梅德拉斯。考古学的证据表明多莱克西的采矿活动可以追溯到青铜时代，借助航空激光技术，近来人们发现拉斯梅德拉斯地区的采矿规模比之前认为的更大。多产的罗马作家老普林尼（Pliny the Elder）描述了"冲刷找矿法"，罗马人引进的这种探矿方法是利用水流的冲刷作用露出矿床，水流常常来自改道的河床。罗马人的采矿方法十分先进，能够在山丘下挖洞使山丘崩塌，泥土冲走后就会露出金矿床。罗马人从公元前1世纪开始使用这种方法，直到罗马帝国终结。乔治乌斯·阿格里科拉（Georgius Agricola）在15世纪的著作《论矿冶》（*De re metallica*）中并未提及这种方法，但是从16世纪到20世纪早期，人们一直断断续续地应用这种方法，最突出的是非洲的金矿开采。

19世纪40年代和50年代的加利福尼亚淘金热见证了"水力采矿"的发展。这种采矿方法是向山坡和河堤的冲击矿床喷射高压水，有时会把整个山坡冲垮。冲刷掉的泥土总要有个去处，事实也的确如此。泥土在低洼地带堆积起来，改变了河流的流向，引发了毁灭性的洪灾。1884年，居住在河流下游的加州农民提起诉讼要求停止这种做法，并取得了胜利，但是1893年以后水力采矿在加州重获许可，尽管人们也出台了更多限制径流的条例。

开采黄金这一贵金属的一切努力都源自人们的需求，而这种需求其实由来已久。寻

19世纪后期，内华达县克拉尔附近的水力采矿。

找黄金的故事可以追溯到数千年前,其中最具代表性的就是伊阿宋(Jason)和阿尔戈英雄的故事,是由罗德岛的阿波罗尼奥斯(Apollonius of Rhodes)在《阿尔戈英雄纪》(*Argonautica*)中讲述的。伊阿宋的父亲埃宋(Aeson)曾是伊奥科斯的合法国王,却被同母异父的兄弟珀利阿斯(Pelias)夺去王位。伊阿宋成了珀利阿斯的眼中钉,珀利阿斯希望除掉这个侄子,于是派他到厄伊去夺取会飞的金毛公羊的毛。这可不是普通的羊,而是波塞冬的儿子。希腊公主赫勒(Helle)就是骑在这头会飞的反刍动物背上时掉下去淹死的,她跌落的地方被称为赫勒斯庞特(Hellespont,即达达尼尔海峡)。金毛羊被献祭之后变成白羊座。它的毛皮挂在一个小树林里,由一条毒龙看护,直到伊阿宋出现并把羊皮夺走。

自从远古以来,人们就试着为祖先的荒诞故事寻找理据,金羊毛的传说也不例外。公元前1世纪的斯特拉博(Strabo)在作品中提出了至今仍令人觉得可信的解释:科尔斯基的周边地区盛产黄金(科尔斯基位于黑海东端,更早的作家认为厄伊就出生在这个地方),"据说,在他们的国家,黄金是山洪冲下来的,野蛮人借助排水沟和羊皮获得黄金,这就是金羊毛神话的由来。"[①] 事实上,后来人们仍然用羊毛淘金,一直到苏联时期。

公元前4世纪的希腊神话收集者犹希迈罗斯(Euhemerus)把神话视为"伪装的历史",此后传说合理化就被称为犹希迈罗斯学说。这种做法有合理的一面,因为世间不可能真的存在

---

① 斯特拉博(Strabo).《地理》(*Geography*). 霍华德・伦纳德・琼斯译 (Cambridge, MA, 1924),11.2.19.

《伊阿宋即将抓住金羊毛》,赤陶圆柱形双耳喷口杯(约公元前470—公元前460),人物上色。用于混合葡萄酒和水。

一只飞在空中、口吐人言的金色公羊。然而，考古学家奥塔尔·洛基帕尼泽（Otar Lordkipanidze）在综述金羊毛传说的不同"历史"解释时对此划出了界限："希腊神话中的这只神奇公羊既会飞又会讲话，人们为得到它的毛而踏上惊心动魄的远征之途，这也是希腊文学歌颂的对象。但我怀疑，这只神奇的公羊肝脏受损。"他所指的是一位学者的看法，认为金羊毛的传说故事描述了患有黄疸的牲畜。[①] 这个故事不论是否与寻找黄金的具体技术相关，都证明了人们对金子的渴望。

寻找埃尔多拉多（以及其他虚构的地方）
The search for El Dorado（and other fictitious places）

近代的一些故事几乎同金羊毛的传说一样牵强附会，却激起了探险家、国王和平民的幻想。其中最著名的就是令人痴迷的埃尔多拉多传说。正如V.S.奈保尔（V.S. Naipaul）在《失落的黄金国》（*The loss of El Dorado*）中所写的："埃尔多拉多传说属于叙事中的叙事、见证者之见证，与所有优秀小说一样令人分不清虚构和现实。"这座南美洲的黄金城让成千上万的欧洲探险者为之丧命，根本不是带来生机的城市。埃尔多拉多或许是个人，是"镀金人"。在每年一次的宗教仪式上，穆伊斯卡部落的基柏（Zipa）部族会把一种天然黏合剂涂抹到国王身上，接着在国王全身涂满金粉。然后国王跳入巴哥大（Bacata，现今哥伦比亚的波哥大）附近

[①] Otar Lordkipanidze,《金羊毛：神话、解释和考古学》（"The Golden Fleece: Myth, Euhemeristic Explanation and Archaeology"）.《牛津考古杂志》（*Oxford Journal of Archaeology*），XX/1(2001), pp.1—38.

的瓜达维达湖洗净金粉。胡安·罗德里格斯·弗雷勒（Juan Rodríguez Freyle）在后来的流浪冒险小说《埃尔卡内罗》（*El Carnero*）中讲述的则是，这位镀金国王把大量黄金投入湖中，只是"向他们崇拜为神灵和万物之主的恶魔献祭"。"穆伊斯卡筏"是穆伊斯卡金器中格外引人注目的作品，描绘了当时的浸湖仪式——涂金

雕版画局部，出自西奥多·德·布里（Theodor de Bry）的《金人》（1599）。

粉的随从簇拥着涂满金粉的酋长，第五章将对此进行更详细的叙述。

西班牙征服者听说了这些令人神往的故事。迪亚哥·迪·奥尔达斯（Diego de Ordaz）的副官马丁内斯（Martinez）声称在1531年遇见了埃尔多拉多，但是西班牙人在1539年征服穆伊斯卡时并未发现镀金人和传说中的宝藏。这次失败不足以消灭传言，随着时间推移，传说反而越传越广。埃尔多拉多成了一座城市，而非一个人。此后被征服的人们乐于告诉西班牙征服者，这个传说是真的，传说中的宝藏聚积之地确实存在，只不过总在丛林的更深处。

接下来登场的是雷利爵士（Walter Raleigh），他是杰出的诗人探险家、烟草推广者、命运不祥的罗阿诺克（Roanoke）的发现者、英国女王伊丽莎白一世（Elizabeth Ⅰ）的朋友，或许也是情人。他得到了一份西班牙人对马诺阿（Manoa）的描述，那是奥里诺科河沿岸一座位于圭亚那的黄金城，他认为这座城市肯定是埃尔多拉多。1595年他按照手中的描述前去寻找马诺阿，却没有成功，也没发现什么黄金。首次受挫反而激发了他的冒险欲望。他回到英国，写下了《发现圭亚那》（The Discovery of Guiana）一书，夸张地记录了他的旅行，并掺入了自己的想象。书中有一段至理名言，也是雷利爵士一直明智地遵循的："在我所观察到的尘世万物的运作中，我发现人们的财富多源于口才而非美德，多毁于口才而非恶习。"①

根据历史学家乔伊斯·洛里默（Joyce Lorimer）所说，雷利的初稿极为详细地描写了圭亚那原住民的黄金饰品和华丽

---

① 沃尔特·雷利（Walter Raleigh）.《发现圭亚那》（The Discovery of Guiana）(1596).

服装，却几乎未提及开采这种贵重金属的可能性。他的支持者担心没有黄金的诱惑就无法吸引投资者，于是说服雷利夸大有可能从圭亚那地区获取的财富。这在多数情况下只不过是替换

西蒙·德·帕斯雕刻的"雷利爵士肖像画，生动逼真"（1617）。

一两个词而已，例如，把他"相信"存在黄金变为"知道"存在黄金。① 他对原稿所做的这些改动很有成效，恰好为下次旅行筹集到了足够的资金。他派助手劳伦斯·基米斯（Lawrence Kemys）返回圭亚那。基米斯到那里后发现西班牙人已经建立了名为"圣多美"的殖民地，位置紧邻他们认为有金矿的地方。他担心被西班牙人发现后会遭到伏击，因此两手空空地回到英国。1597年，雷利派出了一个名叫阿德里安·卡布里奥（Adriaen Cabeliau）的勇敢的荷兰人，结果仍然一无所获。

这时，雷利的诋毁者公开宣称他是个骗子，说他从南美洲带回来的矿石毫无价值。反对者毫不掩饰地指责雷利从未去过圭亚那，后来的几次冒险也都未能证明他所说的是真的。他的赞助人伊丽莎白一世在1603年去世，同年他被关进了伦敦塔，罪名是图谋颠覆伊丽莎白继承人詹姆斯一世（James Ⅰ）的统治。

此后雷利的命运出现了转机。1610年，他最大的敌人罗伯特·塞西尔爵士（Robert Cecil）去世，塞西尔爵士时任英国国务大臣和詹姆斯国王间谍组织的头目，也正是他把雷利送进了监牢。当时英国国库亏空，与西班牙的战争迫在眉睫。雷利抓住了这个机会，声称他突然想起自己其实见过金矿，也知道它们的确切位置。他展示了一名神秘的西班牙线人写来的信件，可以有力地佐证他的说法。一位友好的（得到了丰厚回报的）矿物学家重新检测了雷利带回来的毫无价值的矿石，结果显示黄金含量很高。1616年，詹姆斯一世把他从伦敦塔放了出来，到了1617年，雷利已经为再次探索圭亚那做好了一切准备，条件则是不能同西班牙人发生任何冲突。

---

① 乔伊斯·洛里默（Joyce Lorimer）.《发现圭亚那》（*Discoverie of Guiana*），Aldershot，2006，p.lii.

正是这一条件导致了冒险家雷利的最后失败。他未能获准亲自率领这支探险队，因此他的副官基米斯率船队沿奥里诺科河而下。具体情况人们不得而知，总之结果就是，船队在圣多美与西班牙人发生了小规模冲突，雷利的长子沃尔特（Walter）丧命，基米斯控制了这座城镇。然而在愤怒的西班牙军队的围困下，基米斯无法与对方协商和解，于是下令洗劫城镇并放火烧城。他向雷利汇报了发生的一切，然后试图开枪自杀，不过枪伤未能致命，最后他用刀刺死了自己。心碎欲绝的雷利一无所获地回到英国，由于这一国际性事件几乎让英国同西班牙再次开战，他被詹姆斯一世判处死刑。人们几次为这位探险家提供逃跑的机会，却都遭到他的拒绝。1618年10月29日，雷利在威斯敏斯特被斩首。

雷利爵士绝非第一个因为黄金送命的人，也不会是最后一个。为了这种闪闪发光的金属，人们进行过诸多无果的探寻。黄金更多地存在于我们的想象中，存在于遥远的地方，而非现实之中。纵观人类历史，对黄金的意念一直具有奇异的吸引力，这种力量导致的后果通常在意料之外。寻找黄金的冒险大多数都失败了，但是黄金让其他各种领土扩张的行为和诉求变得合情合理，无论是探索未知的疆域，还是夺取新近发现黄金的地区。黄金是探索和征服活动的驱动力，对大规模的人口迁移产生了巨大影响，影响力甚至超过了黄金自身的货币价值。

美洲流传的很多故事都讲述了极其富有的传奇城市，当然，其中一些城市也确实存在，例如阿兹特克帝国和印加帝国的城市。说到巨额财富，最著名的例子就是印加帝国的最后一位国王阿塔瓦尔帕（Atahualpa）。他在1532年被弗朗西斯科·皮萨罗（Francisco Pizarro）俘获，随后提出支付巨额赎金，如果

哲罗姆·大卫（Jerome David）在克劳德·维尼翁（Claude Vignon）之后雕刻的"阿塔瓦尔帕肖像"，1610—1647年。

皮萨罗放他不死，他会用大约85立方米（3000立方英尺）的黄金装满一个大房间。为了熔化这些黄金，印第安金匠用了九个熔炉，花了将近一个月时间。根据我们对印第安工匠工艺的了解，这一做法带来的损失是毁灭性的。赎金并未发挥作用：皮萨罗把这位国王扣留了几个月，最后还是把他处死了。皮萨罗所做的唯一让步就是对阿塔瓦尔帕处以绞刑而非火刑，因为印加宗教认为身体焚烧后灵魂无法转世。

几乎在同一时期，为了寻找传说故事中的七座黄金城，西班牙征服者弗朗西斯科·科罗纳多（Francisco Vázquez de Coronado）探索了墨西哥北部。注定失败的纳尔瓦埃斯探险中有四名幸存者，他们宣称，在八年的奥德赛之旅中，他们听说过有关财富遍地的城市的传言。1528年，600名西班牙人航行到佛罗里达，企图在半岛上建立殖民地，不过没有成功，这四个人是唯一活下来讲述这个故事的人。前往调查的一位方济会修士报告说，他曾从远处看见七座城市中的一座，那就是锡沃拉，不论面积还是财富都可与阿兹特克首都特诺奇蒂特兰城相媲美。科罗纳多奉命去寻找黄金，但当他抵达今天的新墨西哥州时，却发现锡沃拉实际上是祖尼族农民的一个定居点，村里的房子都是土坯房。科罗纳多毫不费力地占领了这个定居点，把它变成了自己的军事基地。

科罗纳多听说有个叫基维拉的地方，在东边很远，那里的酋长用挂在树上的金杯饮酒。他找了个当地向导，其绰号是"土耳其人"（因为西班牙人认为他看起来像土耳其人）。在向导的带领下，科罗纳多开始穿越大平原，最后才意识到他们上当了，向导把他们带到了今天的堪萨斯州。根据科罗纳多的叙述，"土耳其人"承认说：

Cicuye 人让他把探险者们带走，引向大平原，让他们迷路，等到他们的补给耗尽，马匹死去，身体虚弱无力，就可以轻而易举地杀掉他们，那样就可以报仇雪恨了。

科罗纳多勒死了"土耳其人"，不过 Cicuye 人的确报了仇，至少是在一段时期内，因为科罗纳多一直没找到他的黄金城，过了一代人之后，西班牙人就将放弃这片西南地区的土地。①

制埃及的黄金地图
Mapping Egypt's gold

在关于寻找黄金的传说中，我们耳熟能详的一类故事涉及埋藏地下的宝藏：只要拥有一份正确的古老地图，就能发现海盗的战利品。然而，没有证据表明哪个海盗曾把自己财宝的位置用大"X"标注在编码地图上。与此最切近的例子是基德（Kidd）船长，他的确曾在 1699 年把一些黄金埋在长岛，却没有绘制地图。不管两百年来搜寻财宝的人会告诉你什么，实际上他的这些财宝都被人发现并送往英国，成为法庭审判的证据。我们应该责怪罗伯特·路易斯·史蒂文森（Robert Louis Stevenson），正是因为他的小说《金银岛》（1883），虚构的寻宝图才如此深入人心。

这并不是说寻宝图从不存在。在《死海羊皮卷》中有一部"铜书卷"，人们称之为铜书，因为它蚀刻在铜上，而非书写在羊皮纸或纸草纸上。这一书卷追溯到公元 1 世纪，似乎能就

---

① 弗朗西斯科·巴斯克斯·德·科罗纳多（Francisco Vazquez de Coronado），《科罗纳多之行》（The Journey of Coronado），乔治·帕克·温希普编译，New York，1904，p.174.

如何寻找金银宝藏为读者提供指引。然而其中的说明不太具体，从未有人发现宝藏。①

都灵莎草纸地图是一份更为古老的地图，大约在公元前1162年由埃及法老拉美西斯四世（Rameses Ⅳ）的一位抄写员绘制。这张地图约208厘米（82英寸）长，41厘米（16英寸）宽，现在仅剩几块残片，存放于都灵的埃及博物馆。地图证明非洲的金矿勘探具有悠久历史。在欧洲人垂涎传说中的美洲黄金城之前，他们梦想得到的是非洲黄金。不过，在欧洲人梦想得到非洲的黄金之前很久，非洲人就已经有这样的渴望了。从人类历史初期，或者说，至少是从人类掌握地图绘制法开始，非洲的黄金就引起了商人和入侵者的注意。都灵莎草纸地图是现存的最古老的地质图，也就是说，这张地图显示了地质特征的类型和方位，例如岩层露头等，它的内容详细得令人吃惊，几乎与现代地图无异。它向我们展示的内容包括东部沙漠中一座金矿的位置，那是东尼罗河和红海之间的贫瘠土地。地图也告诉我们，乌姆费瓦希尔井（Bir Umm Fawakhir，陶母之井）包括四部分：阿蒙神殿、国王塞提一世的塑像、一个蓄水池和一口井。地图甚至指出河谷长满了怪柳树。②

埃及的大部分黄金产自努比亚。努比亚（Nubia）位于非洲东部，相当于今天的埃及南部和苏丹北部地区（Nubia这个

---

① 蒂莫西·利姆（Timothy Lim），《死海卷：概略》（*The Dead Sea Scrolls: A very ShortIntroduction*）Oxford，2005。
② 詹姆斯·A.哈勒尔，V.马克斯·布朗（James A.Harrell and V.Max Brown），《世界现存的最古老的地图：公元前1150年的埃及都灵纸莎草地图》（"The World's Oldest Surviving Geological Map: The 1150 BC Turin Papyrus from Egypt"），《地质学杂志》（*Journal of Geology*），C/I (January 1992), pp.3—18.

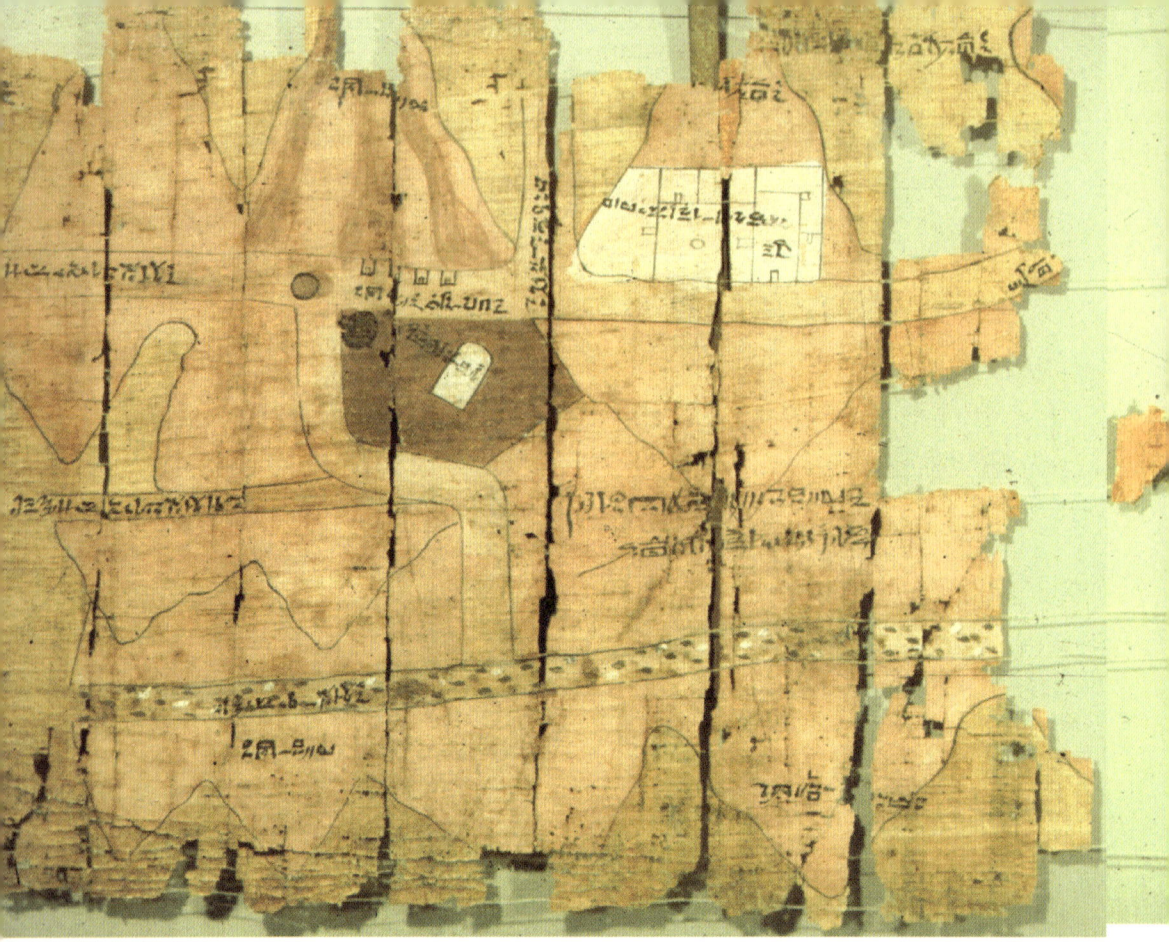

埃及新王国第 20 王朝（公元前 12—公元前 11 世纪）纸莎草纸残片上的西奈金矿地图。

名字在历史上出现得较晚，可能来自埃及语"nub"，意为"黄金"，但这个名字更有可能出自部落名称 Nobatae，该部落公元 300 年定居在该地区。）在古老的努比亚，金矿开采对经济至关重要，王室成员都佩戴着由未经加工的砂金制成的黄金珠宝，显然是在颂赞珠宝原料的产地。① 努比亚有数千年的历史，

---

① 伊冯·J. 马科维茨（Yvonne J. Markowitz）. 努比亚饰品（Nubian Adornment）.《古代努比亚：尼罗河上的非洲王国》(Ancient Nubia: African Kingdoms on the Nile)，马乔里·M. 费希尔编 (Cairo, 2012), pp.186—199, 193.

但它的北方邻国埃及具有更高的知名度,两国的历史互相交织,往往难以分割,因为我们对努比亚历史的了解主要来自埃及史料。在若干个世纪里,埃及和努比亚开展贸易、发动战争、推进外交,两国的王室成员还互相通婚。在中王国时期,努比亚王朝甚至统治了整个埃及。

六条急流,也可以说是瀑布,勾勒出了努比亚的轮廓。它们沿尼罗河南部河道流过,位于喀土穆和阿斯旺之间,前者是

公元1世纪的昆兰铜书卷。

尼罗河支流的交汇处,后者存在大片寥无人迹的砂岩和花岗岩,尼罗河从那里流出,流经埃及广袤、肥沃的冲积平原。这片土地上曾存在着一些主要的王国，它们与我们更熟悉的埃及王国有过交往。科尔玛王国同中王国时期的埃及偶有往来。库须王国曾是埃及新王国的殖民地，并在该王国覆灭时独立。公元前8世纪库须征服埃及，创建第二十五王朝。公元前656年库须王朝垮台，王朝统治者向南退却，后期的库须王国以其第二个都城麦罗埃命名，也被称之为麦罗埃王国。

在古埃及的宗教中，黄金是一种与太阳联系在一起的金属，它神圣、坚不可摧。人们认为众神的皮肤是金色的。埃及人那时并未把黄金用作货币。虽然早在公元前2700年前埃及人就把黄金制成币状物品，但它们的用途是礼物而非货币。法老们珍视黄金在仪式和宗教方面的用途，例如把黄金作为随葬品——法老图坦卡蒙（Tutankhamun）的纯金石棺就是最著名的例证。

从埃及古王国时期（约公元前2685—公元前2150）开始，新兴的强大的、中央集权的埃及就需要努比亚的商品，尤其是黄金，也需要用于雕塑的象牙和贝肯石。为了获取这些材料，法老们开始对努比亚发动军事入侵。在接下来的1000年里，努比亚黄金的控制权主要落在埃及统治者手中，但努比亚利用埃及权力真空的机会，例如偶然出现的王朝中间期，夺回了努比亚的领土，甚至征服了埃及。到大约公元前800年，库须创建的第二十五王朝开始时，努比亚的黄金开采业渐趋衰败，这或许是因为人们无法利用所掌握的技术从矿床获取更多的黄金。托勒密统治者从希腊带来了新的采矿技术，但到这时，由于游牧民族的袭击，已经不可能再找到新的黄金来源了。公元700年左右，该地区被穆斯林征服，此后这里出现了大量的浅层矿开采，不过到了1350年，这些开采活动都终止了。

欧洲中世纪期间，欧洲和非洲之间不存在直接贸易。中东的穆斯林充当了贸易中间人，在北非摩尔人的军事力量控制下，欧洲人必须遵循既定的贸易路线才能进口非洲商品，包括绝大多数运往欧洲的黄金。欧洲人从贸易对象那里听到传言：阿拉伯人带给他们的黄金来自西尼罗河南部的黑人，但是就连北非的伊斯兰统治者都不清楚这些黄金的确切来源。著名的阿拉伯地理学家、公元10世纪的阿尔-比鲁尼（al-Biruni）、12世纪的阿尔-伊德里西（al-Idrisi）以及13世纪的伊本·赛义德（Ibn Said），都未对尼罗河南部陆地做出标记。①

最后，传言的内容越来越详细。在1375年为法国查理五世（Charles V）绘制的《卡塔兰地图》中，出现了马里国王曼萨·穆萨（Mansa Musa）手举硕大的天然金块的形象，称之为"该地区最富有、最高贵的君主，因为他的王国中有大量的黄金"。姆萨在1324年去麦加朝圣时，很难不引起全世界的瞩目。据说，他带了大量随从人员，其中包括500名奴隶，每人都携带着1.8千克（4磅）的黄金制品，据说他还施舍了大量砂金，因此埃及历史学家阿尔-马克里奇（al-Maqrizi）声称这位国王引发了持续12年的黄金第纳尔贬值。

非洲黄金的故事让一些欧洲人产生了兴趣，其中包括葡萄牙航海家亨利王子（Prince Henry，1394—1460），探险时代的引领者。与很多王室成员一样，他挥金如土，经常负债。历史学家P.E.罗素（P.E. Russell）将之归结为他与富裕的邻居攀比——勃艮第人和卡斯提尔人。欧洲黄金匮乏，葡萄牙通货膨

---

① 约翰·W.布莱克（John W. Blake）.《西非：对黄金和上帝的追寻1454—1578》.London, 1937/1977.

上部盘绕吊环的努比亚金块
（公元前 700—公元前 500）

胀失控、劳动力短缺，长期的和平让人们不再有机会从战场上获得财富和声名，因此葡萄牙贵族不可能过上心目中富贵的生活。亨利供养了一大群骑士、护卫和侍从，一生中大部分时间债务缠身。他的一位船长迪奥戈·戈梅斯（Diogo Gomes）评论说，亨利想用非洲的黄金来"维系家族的贵族地位"。①

1415年，亨利王子占领了位于直布罗陀海峡对面的休达，在接下来的几十年里，葡萄牙人在亨利的统治下开拓西非并在那里建立殖民地，从而打破了阿拉伯人在欧洲同非洲贸易中的垄断地位，让葡萄牙一度成了世界上最富有的国家。到15世纪70年代早期，葡萄牙商人已将整船整船的砂金运回里斯本。1482年他们在后来被称为黄金海岸的加纳建立了第一个殖民地。

"黄金海岸"这一说法恰如其分，非洲的这一地区曾是大量黄金的来源地。在中世纪，穆斯林商人带着羊毛、盐、玻璃、铜、钢铁以及其他商品从北非来到这里，换取奴隶和黄金。11世纪，来自安达卢西亚的地理学家阿布乌贝德·阿尔－贝克利（Abu 'Ubayd al-Bakri）探访了加纳帝国，对加纳国王的描绘是："戴着珠宝装饰品和黄金头饰"，坐在"帷帐里，周围傲立着十四佩戴黄金马饰的骏马。王座后面是十位手持盾牌和金柄宝剑的侍卫"。②

---

① 引自马林·纽利特（Malyn Newlitt）.《葡萄牙海外扩张史，1400—1688》（*A History of Portuguese Overseas Expansion, 1400—1688*）.London，2004，p.27.
② 赫伯特·M.克尔，多兰·H.罗斯（Herbert M. Cole and Doran H. Ross）.《加纳艺术品展览目录》（*The Arts of Chana, exh. cat.*）.加利福尼亚大学弗雷德里克·S.怀特美术馆（Frederick S.Wight Gallery at the University of California）.Los Angeles（1977），p.134.

《卡塔兰地图》中的马里帝国国王曼萨·穆萨,1375年制图师亚伯拉罕·克列斯科(Abraham Cresques)用墨水、颜料和金银在木板上绘制。

葡萄牙人急切渴盼找到金矿,因此把他们的城堡命名为圣乔治金矿。这个名字其实毫无根据,因为在他们修建城堡的海岸附近根本没有金矿。不过他们的努力并没有白费——葡萄牙人把这座城堡用作购买黄金的前哨站,大量来自非洲的黄金从这里流入葡萄牙金库。最后,他们发现了收益更大的财富之源。葡萄牙王国在新世界的殖民地特别适合种植甘蔗,缺少的只是种甘蔗所需的廉价劳动力。他们在非洲的殖民地为他们提供了野蛮的解决方案。正如亨利王子的传记作者罗素所言,"他们很快就发现,黑金,也就是奴隶,是几内亚必须供应的最具吸引力的货物。"[1]

托马斯·莫尔(Thomas More)在1516年的著作《理想国》中谴责了贪婪而猖獗的商业主义,这种商业主义与来自美洲和非洲的黄金流入相伴而行。他叙述说,每个家庭都有两个用金链条拴住的奴隶。也许他读过希罗多德(Herodotus),希罗多德在《历史》一书中表示,埃塞俄比亚有大量的黄金,连拴奴隶都用金链子。然而他可曾预见到,两百年后普鲁士王国会因为六名拴着金链子的奴隶,把位于今天加纳的殖民地卖给荷兰?

为什么是黄金?
Why gold?

作为一种材料,黄金具有什么能让人为之着迷的内在特质吗?为何人们为了得到黄金,宁愿跋涉千里不畏劳苦?作为

---

[1] 罗素(P.E.Russell).《"航海家"亨利王子:一生》(Prince Henry "the Navigator":A life).New Haven,CT,2001.

一种元素，金的原子特征鲜明，原子序数为79。金在自然界只存在一种同位素，即稳定同位素，它的原子核含有79个质子、79个电子和118个中子。在元素周期表里，它属于过渡金属，化学符号为AU，该符号源自拉丁语中表示黄金的词语"aurum"。金原子的键合方式通常被称为"金属键"，这有助于解释金的诸多特性。人们也常把金属键的结合方式描绘为"电子海"，这一模型表明，金的阳离子（由原子核及环核运动的电子构成的带正电荷的离子）在晶体结构中相互键合的同时，允许其他电子处于"游离"状态，也就是离开它们的原子，在其他电子形成的"海洋"中"游泳"。电子受到周围多个原子核的吸引，所以分子结构紧密相连。人们认为这种键合形式解释了金属的可锻性和延展性。流动的电子海能够解释金属的高导电性。就过渡金属元素而言，参与到电子海中的自由电子说明金的熔点很高。光照到金属上时，电子海的密度和流性赋予金属特有的光泽。金在化学上的惰性也源于金原子之间的键合强度，金元素不会轻易释放原子键与其他元素发生作用。这正是黄金不会失去光泽的原因。

要解释黄金为什么是黄色的，只能借助阿尔伯特·爱因斯坦（Albert Einstein）提出的相对论了。没有相对论，黄金可能看起来更像白银，具有光泽但相对而言没有颜色。金原子核内有79个质子，银原子核的质子数为47，金原子对电子的黏合力更强。同银相比，金具有更强的黏合力，若要经受住原子核的拉力并停留在轨道中，金的电子运动速度必须比银更快。金的电子运动速度超过了光速的一半，这就产生了科学家所说的"相对论效应"：电子轨道（即电子环绕原子核运动的路径）因其速度而变形。一些电子原本应该吸收紫外光谱中的光（肉眼不可见），却转而吸收光谱中的蓝色光（肉眼可见），反射光谱中其余的光，结合到一起就形成了黄金的黄色。

金与其他金属形成的合金在颜色上有细微差异，但泛黄光是纯金的特征，纯金就是珠宝商所指的"24K黄金"。对于金与其他金属相融形成的合金，我们以"开"，也就是合金中金的重量，来说明金在合金中的比例。1开是总重的1/24。18开（18K）黄金的纯度为75%（18/24）。"开"的英文"carat"及其变体来自进入欧洲语言的阿拉伯语，而阿拉伯语中的"开"源自希腊语，意思是"小犄角"，用于计量角豆种子的重量单位。

所有这些叙述都无法真正回答这个问题："为何是黄金？"我们知道黄金绚丽夺目，黄金的金属特性或许可以解释它为何能用于装饰。黄金之所以让人联想到纯正和完美，可能是因为它不生锈不变色，看起来不受腐蚀。黄金可以捶打到1/282 000英寸那么薄，可以拉成细丝，从工艺品制造的角度来看，这样的韧性堪称完美。然而正如我们最初提到的，这种韧性意味着黄金太软太易变形，无法用来铸造工具。即使用作货币，黄金也必须与其他硬金属熔合，才能经久耐用。黄金没有使用价值却适合保值，在历史长河中似乎具有超越物质世界的品质，至少在黄金持有者看来是这样的。

本书不是一部完整的黄金史。相反，本书旨在探究黄金在历史上、在人们的想象中起到过的各种作用。实际上，黄金饰演过太多的角色，因此难凭一己之见加以界定。黄金凝聚了人们的欲望，在这本书中，我们会深入探究黄金作为欲望实体的历史，追寻黄金扣人心弦的角色。本书的架构主要基于黄金的不同用途，以及在黄金影响下形成和发展的探索领域。全书分六章，内容涵盖作为饰品的黄金、用于宗教活动的黄金、用作货币的黄金、黄金的科学、用作艺术材料的黄金，以及在神话和现实中与黄金相伴的诸多危险。

在下一章里，我们将探讨黄金在人类装饰品方面的用途。不论黄金采矿如何发展变化，在大多数情况下，我们利用这种闪闪发光的黄色金属时仍然同最早期的人类一样——我们习惯把黄金佩戴在身上。

Wearable Gold
I 黄金饰品

1972年10月,在保加利亚东部城镇瓦尔纳城外,瑞曹·马里诺夫(Raycho Marinov)驾驶拖拉机挖一条沟时发现了一些不常见的金属物体。他捡了几块,装到鞋盒子里带走,过了一个星期后,在休息时,他把这些金属块拿到了以前教过他的历史老师那里。他们刷去了金属块上面的泥土,这才意识到它们是纯金制造的。

说到偶然发现"埋藏的宝藏",这是最具有戏剧性的事件之一。另外一次令人印象深刻的发现是在2014年,一对加利福尼亚夫妇在家里的后院散步时,无意间发现了1000万美元1890年代的硬币。1990年,在爪哇岛,工人们挖掘一条灌溉水渠时挖出了三只陶罐,他们十分震惊地发现,罐子里装了几千件金银物品,可能是10世纪时被火山喷发掩埋的某些王室成员的藏宝室(宝藏中还包括爪哇一种货币体系中最早期的货币)[1]。1992

---

[1] 贾恩·怀斯曼·克里斯蒂(Jan Wisseman Christie).《公元9世纪到15世纪爪哇国的货币及其使用》("Money and Its Uses in the Javanese States of the Ninth to Fifteenth Centuries AD").《东方经济与社会历史》(*Journal of theEconomic and Social History of the Orient*),XXXIX/3(1996),pp. 243—286, 249.

保加利亚瓦尔纳墓地的一处墓穴，出土了迄今为止发现的世上最古老的黄金珠宝，年代约为公元前 4600 年。

年，英格兰萨福克郡的一位农民在寻找丢失的锤子时找到了一生最大的惊喜。他的金属探测器发出警报，结果他发现的是一只装满罗马金币、银币和珠宝的木箱，箱子可能是公元4世纪埋藏起来的，那时罗马在英国的统治即将崩溃，盎格鲁-撒克逊人开始了在岛上的第一次洗劫。

这些发现当然不凡，但马里诺夫捡到的物品大约比罗马宝藏早五千年。他偶然发现的是铜器时代的一处墓地，后来被称为瓦尔纳墓地，其中最古老的坟墓可以追溯到大约公元前4600年①。在其他墓地也发现过早期的黄金制品，安纳托利亚（今天的土耳其）的黄金加工或许能追溯到同样久远的时期，但是就规模和工艺而言，目前发现的其他早期的黄金制品都无法与瓦尔纳墓地的黄金制品相比。这座墓地还提供了一种最早的证据，表明人们会出于装饰目的把黄金穿戴在身上，也就是在死后穿戴黄金。

根据在墓里发现的常见陶器类型和其他艺术品的年代，人们判断出了瓦尔纳墓地的哪些坟墓最为古老，并且从中出土了可以缝在衣服上或直接戴在身上的捶制黄金饰品：胸甲、臂章、戒指和耳环、珠子、王冠、贴在衣服上的镶饰以及其他形式的身体饰品，上面有几何图形和图案，图案的原型通常是各种动物。这类黄金不是开采出来的，可能来自那里的地表沉积物、泥土和河床上的沙砾。设计出这些图案的工匠运用了雕刻和压花工艺，前者是用锋利的工具刻出线条，后者是从金片的背面

---

① 伊凡·伊万诺夫（Ivan Ivanov），《欧洲文明的诞生》（*The Birth of European Civilization*）(Sofia,1992).铜器时代的所指并不确切，通常指公元前5000年前后，是青铜时代的早期阶段。在这一时期人们开始炼铜，但尚未把铜和锡熔合到一起，生产出更为耐用的青铜。一般而言，金矿开采在铜矿开采之后，金匠工艺晚于铜匠工艺。

捶打，从而形成浮雕图案。

黄金有多种用途，不过最基本、最持久的两种用途是造币和装饰。瓦尔纳和其他地方的考古记录显示，黄金最早用于装饰，在那之后装饰一直是黄金最广泛的用途之一。在今天的世界，对新开采的黄金的消费大致均分为珠宝和金融投资两种。还有10%用于工业制造，包括用于牙科。从古到今，全世界的人都会用黄金装扮自己。穿戴在身上的黄金饰物包括王冠、耳环、鼻环、花冠，以及其他面部装饰物、项链、手镯、臂章、胸甲、戒指。在欧洲人到来前，美洲土著人尽管拥有大量黄金，却只是用黄金来装饰身体，从不用黄金铸币。在很多文化里，人们都把一系列璀璨夺目的材料与光、太阳和神灵联系在一起，黄金只是这些材料中的一种，此外还有其他金属、云母、水晶、宝石等。人们把黄金佩戴在身上，可能表明他们相信黄金具有避邪的特性，可以保护身体或让身体更完美，让身体更具吸引力或更显威武，正如人们相信，用黄金器皿进餐饮水可以保证他们不会被毒害。当然，在使用黄金的货币体系中，黄金承载着更多的含义。在当代文化中黄金是可以炫耀的傲人财富，英文中与此相应的"bling"（亮光闪闪的奢华装饰）一词的适用范围已经超越了原本所属的嘻哈文化背景，从闪光浮华的风格变成了璀璨的珠宝。黄金是炫富的一种方式，但在历史上，黄金珠宝不仅意味着展示炫耀，也意味着佩戴在身上可以保值。人们发展到有能力用黄金覆盖整个身体，不论这意味着宫廷王室中的无数黄金珠宝，还是电影中金光闪闪的锦缎。黄金可能还预兆着来世。

死者的缅怀
Gold for the dead

在瓦尔纳发现的这类黄金制品难免会让人浮想联翩,想知道黄金饰品对于在世之人和死者有什么用途。但是瓦尔纳墓地属于没有留下任何书面记录的文化世界,我们几乎无法由此得知,当时的人们在世时是否佩戴黄金饰品。我们所知道的是,人们会用黄金装饰某些身份特殊的死者。学者们认为,在一些坟墓中发现了大量黄金,在其他坟墓中却没有发现,这反映出坟墓主人生前的地位。因此,在瓦尔纳发现的黄金提供了证据,可以证明基于性别和身份的社会等级制度在早期的演化。人们在一名年长的"精英男性"的坟墓里发现了大量黄金饰品,其中还包括一个黄金阴茎套,然而,举例来说,在其他墓穴中,除了一些石头工具和黏土容器之外,仅有的黄金可能就是一对

耳环、一枚戒指或一个护身符。①男性和女性尸体的下葬姿势似乎也不相同，这或许显示出地位的差异。然而，尽管大多数人下葬时都有相对简单的陪葬品，但是陪葬品最为丰富的坟墓中埋葬的却根本不是死者。相反，那些坟墓中只有象征性埋葬的雕像，上面装饰着黄金。雕像代表的社会地位很难界定，我们可以假设，装饰的黄金越多，地位也就越高，但这样的假设实际上无法告诉我们多少信息。黄金最早用于装饰时，还不可能是不言自明的身份地位的标记，它同社会地位的关系尚未发展成型。我们仍不清楚，黄金手工业的形成，究竟是在人们开始渴望用黄金标示社会地位之前还是之后。我们应该谨慎，不能因为一种货币体系以黄金构成价值的绝对形式，就由此逆向

---

① 艾凡·伊凡诺沃，玛雅·艾弗拉姆瓦（Ivan Ivanov and Maya Avramova）.《瓦尔纳墓地：欧洲文明的开端》（Varna Necroplis: The Dawn of European Civilization）.Sofia, 2000, pp. 46—50.

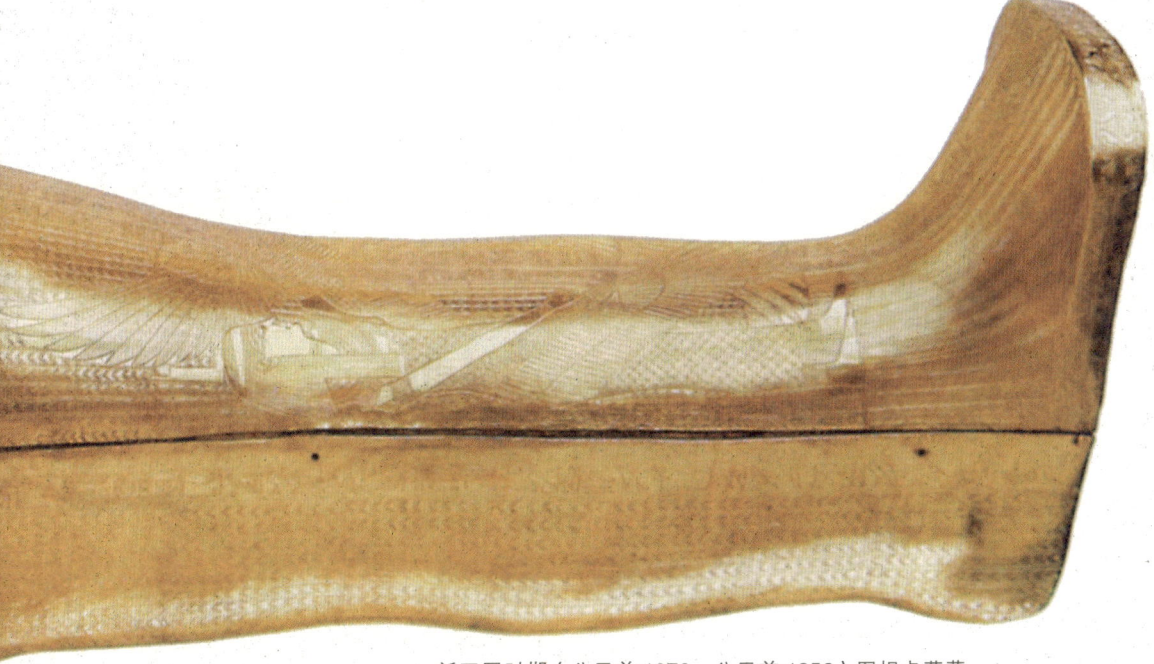

新王国时期（公元前1370—公元前1352）图坦卡蒙墓中的嵌套式棺材，上面镶嵌着黄金和半宝石。

阿伽门农面具,黄金捶制。(公元前1550—公元前1500)

投射出落后的价值观念。

那么，为什么一些死者身上穿戴着黄金，其他死者则没有呢？为死者覆上黄金"皮肤"的观念，逐渐成为地中海以东很多古老文明的一种惯常做法。被称为古梅尔尼塔（Gumelnita）的瓦尔纳文明位于黑海，与地中海东部的其他文明有贸易往来，因为那里发现了地中海的贝壳和其他工艺品。在古埃及，黄金等同于神的皮肤，尤其是太阳神拉（Ra）的皮肤。人们认为法老是神圣的，一条铭文把法老描述为"照亮大地的金山"。① 王室成员的木乃伊戴着黄金面具和其他饰品，包括手镯、胸饰、凉鞋、装饰性的佩剑和剑鞘，以此保障他们永恒的地位。在奢华的图坦卡蒙之墓，这位法老的遗体保存在纯金棺材里。

在希腊迈锡尼也发现了公元前两千年左右用于陪葬的黄金面具，令人叹为观止。著名德国考古学家海因里希·谢里曼（Heinrich Schliemann）挖掘出的"阿伽门农（Agamemnon）黄金面具"最为华美壮观，已经成了标志性的黄金制品，然而，这也可能是谢里曼放置的伪造品，他的方法和声明已经屡遭人们质疑。② 谢里曼为这个面具起的名字当然不准确，正如他声称在某处发现了所谓的"普里阿摩斯（Priam）宝藏"，然而那个地方也许是古代的特洛伊，也许根本不是。不过，迈锡尼遗址中的确有大量的黄金器物，包括陪葬用的黄金面具，其真实性无须质疑。用黄金陪葬不是定居文明所独有的，游牧部落也

---

① 汉斯·沃尔夫冈·穆勒，爱伯哈德·蒂姆（Hans Wolfgang Müller and Eberhard Thiem），《法老们黄金》（Gold of the Pharaohs）.Cornell，NY，1999，p.60.
② 阿伽门农面具的背后（Behind the Mask of Agamenon）《考古学》Archaeology），LII/4 (7/8, 1999)，pp.51—59.

会采取这样的做法。在公元前5世纪或公元前4世纪,一位被埋葬在现今哈萨克斯坦东南部的塞西亚贵族身上几乎穿着整套的黄金,被称为"黄金人"。耶稣会会士博纳布·科博(Bernabé Cobo)记载,印加人同样在死者"口中、手里、胸部或其他地方"放置黄金。① 用黄金陪葬或许表示人们在来世比在世时需要的黄金更多,或许意味着黄金在仪式中的用途超越了本身的经济价值,或许二者兼有。在这方面,中世纪的法国就赋予了黄金双重的作用,他们在葬礼上为尊贵的死者献上金布,然后再把它留给活着的人。盖在死去国王身上的金布一直是护柩者和圣丹尼斯教堂修道士之间激烈争夺的目标,国王埋葬在该教堂,因此双方都认为金布理当属于他们。②

正如上文所述,瓦尔纳遗址的显著特色之一是存在"象征性的坟墓",这些坟墓里的"死者"是黏土或石头做的拟人雕像,而不是人体残骸。许多塑像上覆盖的黄金装饰要比死者身上的更多更完全。这些塑像是否指实际存在的人,还仍然是个谜。这种做法可能与苏美尔的《吉尔伽美什史诗》中提到的内容有关,吉尔伽美什让人为他死去的朋友恩奇都(Enkidu)雕刻一尊塑像:"用青金石做你的胸,用黄金做你的身体!"③ 在这样的情况下,我们可以认为,使用黄金意味着荣誉,能够有效地标示社会地位,尽管其主要目的是宗教上的。我们将在下一

---

① 贝尔纳贝·科博(Bernabé Cobo).《印加宗教与习俗》(*Inca Religion and Customs*). 罗兰·汉密尔顿(Roland Hamilton)编译.Austin, TX, 1990, p.250.
② 拉尔夫·E.吉耶斯(Ralph E. Giese).《文艺复兴时期的法国皇家葬礼》(*The Royal Funeral Ceremony in Renaissance France*).Geneva, 1960, pp.33.
③ 《吉尔伽美什史诗》(*Epic of Gilgamesh*)第八节第二列。

章讨论黄金在膜拜仪式上的使用。现在我们先探究用黄金打造衣服和装饰品的做法，而瓦尔纳墓地可以告诉我们，人类最早使用黄金时的一个显著特征就是用黄金装扮死者。

生者的荣耀
Gold for the living

公元前 5 世纪武士服装的复制品，该战服由数千片黄金制成，是哈萨克斯坦阿拉木图的塞西亚《黄金人》。

在遥远的过去，人们在世时怎样穿戴黄金？这就更难猜测了。美洲的人们遭到欧洲人征服后，使用过的众多黄金器物很少能保存下来。美洲和欧洲两种文明的相遇，也是涉及黄金的两种价值体系的邂逅，这两种价值体系截然不同。在美洲，黄金用于装饰，承载着象征性的社会和宗教价值，但是一旦熔化，从单纯的经济意义而言就失去了价值。对于欧洲人来说，情况恰恰相反，征服者带回欧洲的每件掠夺来的黄金物件最后都会被熔化掉。从某种程度上看，黄金的这种命运是经济的野蛮力量所导致的。这也反映出，欧洲人认为异教徒的邪神崇拜是危险的，并且为此感到焦虑，这种做法背后的动机，很难与征服者对当地文化记忆的蓄意破坏分离开来。欧洲人不尊重前哥伦布时期物品的美学价值，这并未随着征服的终结而结束。在19世纪中期，英格兰银行每年仍然会熔化价值成千上万英镑的古代美洲黄金制品。[1]

现在我们在博物馆中还可以见到一些古老的美洲黄金制品，几乎全都是近年来在古墓中发现的，例如在波哥大的哥伦比亚共和国银行黄金博物馆的展品，不过美洲人在世时也佩戴黄金饰品。关于这一点，西班牙人的账目记得清清楚楚，这些制品本身也是见证。米斯特克工匠为阿兹特克人服务，制作出了美洲最精美的一些黄金饰品，包括工艺精湛的胸甲、面具、头饰、面部装饰品、耳罩和其他饰品，使之经受得起身体移动的冲击力。正如安德烈·埃默里赫（André Emmerich）所言："米

---

[1] 安德烈·埃默里赫（André Emmerich），《太阳的汗水和月亮的眼泪：前哥伦布时期艺术中的黄金和白银》（*Sweat of the Sun and Tears of the Moon: Gold and Silver in Pre-Columbian Art*）.Seattle, WA, 1965, p. xxi.

脱蜡铸造的米斯特克胸甲，描绘了阿兹特克神灵修特库特利（Xiuhtecuhtli），约公元前1500年。

上图:黄金和碧玉制作的腓尼基圣甲虫印记戒指,刻着坐在宝座上的人(公元前8—公元前3世纪)。

上页图:雕有阿弗洛狄忒(Aphrodite)和厄洛斯(Eros)的黄金戒指(公元前400—公元前370)。

斯特克饰品……工艺考究……经久耐用。"①

对于现代世界的大多数人来说，黄金作为可供穿戴的材料，与戒指这种更简单的装饰品的联系最为紧密，特别是婚戒。在婚礼上交换戒指的做法似乎起源于古罗马，但是戴戒指的历史还要更加久远。在公元前 3000 年前后，埃及金匠和美索不达米亚地区（现今的伊拉克所在地）苏美尔文明的金匠发展了复杂的退火工艺（把金属加热以增强韧性）、制线工艺、焊接工艺和铸造工艺。正是在这一时期，为生者和死者制造的戒指成为金匠艺术的主打产品。

这些戒指具有功能价值。在坟墓中经常能发现数量可观的戒指，我们可以说，即使是这些戒指，所起的作用也不仅是装扮死者，因为文献资料和实物中的戒指都显示，活着的人会出于各种实用目的佩戴这些戒指。戒指的一个主要功能是用作印章，今天人们称之为印记戒指。形式最简单的印记戒指只是一个加宽的平环，上面雕刻着图案或文字，雕刻方式被称为凹雕，戴戒指的人可以通过蜡或黏土把自己的身份信息正式印在文件或其他物品上。有些戒指镶有凹雕的宝石，用作印章。这些戒指标志着所有者的身份，特别是在注重协议和交换的社会生活中的身份。有些戒指的凹雕宝石上会刻着神像，或者充当具有魔力的护身符，这时它们或许可以用来表明宗教信仰。在某些情况下，戒指上的宝石被雕成圣甲虫的形状，上半部分为圆形，代表圣甲虫隆起的背部和翅膀，雕花的底面在使用时可以从转轴上旋出。这种设计的特点是，印章或护身符的文本可以隐藏起来，同时又能与身体接触，旋出后则可以把雕刻的图像印在黏土或蜡上。

---

① 同上，p.128.

戒指由多种不同的材料制成，在古埃及、古希腊和古罗马，戒指的使用经常与个人身份相关。黄金显然是首选的材料，而且也用于辟邪护身的其他目的，比如在黄金薄片上雕刻有魔力的符咒，然后卷起来放进专用的容器里。很多护身戒指的类型与爱情和生育有关，说明了戒指的主要功能，这种功能源于罗马时代，渐渐与作为文化象征的黄金戒指密切相关，这就是戒指在婚姻中的作用。

交换戒指是结婚仪式的重要环节，这种做法似乎起源于罗马的订婚习俗。到了欧洲中世纪，赠送戒指已经从订婚仪式扩展到了婚礼上。公元1世纪时，普林尼不满地表示，在交换戒指许下结婚誓言的仪式中，金戒指已经取代了普通的铁戒指。他甚至夸张地说，"第一个把黄金戒指套上手指的人，对男人犯下了最严重的罪行。"[1] 在他看来，这样的过度奢华标志着罗马帝国的衰落。不过，在普林尼之后又过了大约一个世纪时，基督教作家德尔图良却认为，在他所处时代有太多奢华的装饰品，然而女人唯一能见到的黄金就是婚戒。[2]

今天我们一般认为，婚姻是地位大致相当、彼此相爱的伴侣间缔结的永久纽带。这种观点并非完全新奇，而是与另一种更典型的婚姻观共存了很久，那就是把婚姻视为家族联盟和财富配置的方式。在西欧，后一种观念直到近代仍然适用，新娘基本上是一份财产。的确，有人认为，在婚礼上使用的戒指，从本质上看就是把新娘引向丈夫住所的锁链和束缚。但这并不

---

[1] 老普林尼（Pliny the Elder）著.《自然史》（*Natural History*）.H.拉克姆（H.Rackham）译.Cambridge, MA, 1924, 33.8, 可访问 https://arching.org.

[2] 德尔图良（Tertullian）著.《护教篇》（*Apologeticus*）.杰里米·科利尔（Jeremy Collier）译.London, 1889, 6, 可访问 www.tertullian.org.

意味着女人除了生育以外再没有其他角色。有些罗马婚戒上刻着钥匙的图像或形状,表示新娘的未来角色是保护丈夫的家人和财产。因此,金戒指成了一座桥梁,把作为个人纽带的婚姻和作为经济关系的婚姻连接起来。婚戒标志着一种联系,是两个独立个体间的约定,这可能源于戒指作为个人身份守护者的更古老的功能,婚戒甚至是一种爱的表达方式。不过婚戒也代表了婚姻交换的经济功能,特别是在黄金还很珍贵的时代。

金衣
Cloth of gold

与15世纪到18世纪的近代早期欧洲宫廷奢华的身体装饰品相比,黄金做成的戒指并不引人注目。光灿夺目的场面是显示权力和缔造声望的方式,正如今天奥斯卡金像奖颁奖典礼上名人的登台亮相。在电视机出现以前,印刷商出版的图书印数

12世纪圣丹尼斯的黄金马刺,配件的年代是16—19世纪。由黄金、铜、石榴石和织物制成。

1545年英国学派的帆布油画《金缕地》(曾被认为是小汉斯·荷尔拜因〈Hans Holbein〉所作)。

不会超过几千册,宣传册和宽幅印刷品的数量不可能比这更多,统治者只能亲自向臣民展现他们的权威。在加冕礼、婚礼和进入城市的"入场式"中,王室成员会在大批贵族、仆人和子民的陪同下巡游,其中很多人穿戴着其他场合不能穿戴的黄金。法国文艺复兴时期的国王在加冕礼中把金马刺扣在鞋上(这是加冕礼上宗教受膏仪式的一部分),现在金马刺成了圣丹尼斯皇家大教堂珍藏的宝物。在历史上,用黄金奢华地覆盖身体的统治者并非只有欧洲王室成员,但是他们的做法留下了非常详细的记录。记载这些事件的图书出版物详细说明了不同等级和不同职业的人所穿服装的差异,读起来其实有点像奥斯卡金像奖的新闻报道,令人神往。书中的叙述表现出了细微差异的重要性,至少是作者眼中的重要性,因为我们不知道这些差异在典型的观察者看来有多鲜明。

不过,贵族身穿黄金衣物当然是为了在他们与普通人之间划出清晰的界限。13世纪卡斯蒂利亚法典《七编法》对统治者穿戴黄金的方式给出了格外具体的说明。法典说明,奢华的服装让穿着者的地位和独特性一目了然,有助于臣民辨识。[①]毕竟当时没有大众媒体,人们并不熟悉统治者的相貌。有趣的是,正是一个名为冈萨洛·费尔南德斯·德·奥维耶多(Gonzalo Fernández de Oviedo)的西班牙人,在观察新世界的酋长(特别是巴拿马人)之后认为,"在这些地区的习俗是,首领和重要人物在参加战斗时,胸前、头部或手臂会佩戴黄金珠宝,以便让自己的士兵认出自己,同时也让敌人认出自己。"闪闪的

---

① 克拉拉·艾斯托(Clara Estow).《14世纪卡斯蒂利亚黄金政治》("The Politics of Gold in Fourteenth Century Castile").《地中海研究》(Mediterranean Studies),VIII(North Dartmouth, MA, 1999), pp.129—142.

金光或许不仅可以表明差异，而且能为首领或统治者构建一种神圣的地位。我们很容易假设，黄金在早期文明中就具有这种作用，举例来说，将黄金和埃及法老联系在一起可以反映出二者地位的神圣性。不过，对于表面上信奉一神论的欧洲人来说，这似乎更令人感到有些意外。在近代欧洲，对古代异教重新产生的兴趣似乎为王室神话创造者带来了新的源泉。一篇17世纪关于法国王室婚姻的论文随意地称法国国王和王后为"半神半人"。①

1520年，在加来附近的战场上，英国国王亨利八世礼节性地与法国国王弗朗西斯一世会面时，佩戴了相当多的黄金，于是这一会面被称为"金缕地"。帐篷上盖着黄金。两位国王和随从身穿金衣，戴着金链子和金腰带，骏马佩戴金片、金流苏和金铃铛。②地位稍低的贵族临时得到允许，可以穿戴比平时更华丽的服装，目的是让场面显得更为宏大。穿制服的仆人地位太低，远远无权穿这样的服装，这时也穿戴黄金，以彰显王室成员的高贵。

到了16世纪早期，法国图尔市已经开始生产黄金布料，但是最著名的生产黄金布料的欧洲城市却都是十字军东征后出现的意大利丝绸制造中心，例如卢卡、威尼斯、佛罗伦萨和米兰。制作黄金布料所必备的金线绕着丝线加工而成，当时丝线在欧洲的生产历史已有大约1000年，却依然与中国的原产地

---

① 丽贝卡·左拉克（Rebecca Zorach），《血、牛奶、墨水和黄金：法国文艺复兴的富足和过剩》（*Blood, Milk, Ink, Gold: Abundance and Excess in the French Renaissance*）.Chicago, IL，2005，p.118.
② 乔伊斯琳·G. 拉塞尔（Joycelyne G.Russell），《金缕地：1520年的男人和风度》（*The Field of the Cloth of Gold: Men and Manners in 1520*）.London，1969.

《宣誓》，出自《塞萨洛尼基墓志铭》（14世纪）。用金线在紫色丝绸上制作的刺绣品。这件奢华的圣坛饰罩表明，拜占庭在掌握这项技艺多个世纪以后，对黄金织物的兴趣仍然不减。

联系在一起。总的来说，丝绸，尤其是金线纺织品，还笼罩在东方智慧的光环下。欧洲生产的有图案的纺织品仍然模仿波斯和中国的样式，而且难以区分不同的"东方"地区，某些类型的布料依旧沿用能够代表中东原产地的名称，例如 damask 和 baldaquin，这两种锦缎分别源于大马士革（Damascus）和巴格达（Baghdad）。

有关黄金布料如何进入欧洲的故事涉及一些阴谋。首先需要指出的是，在中国，黄金虽然也受到珍视，却不像在欧洲那样拥有特殊地位，翡翠和铜作为贵重的材料更受中国人青睐。与我们看到的古代地中海的黄金陪葬服装不同的是，汉朝皇帝用玉衣陪葬，金线的作用只是把玉片缝起来。这种金线的制作方法是在蚕丝外面包上一层捶打好的金箔。金箔同样用于装饰木头、青铜和陶瓷制品。除了用于缝制陪葬服装之外，金线还用于刺绣和制作金丝织品，也就是用普通丝线和金线编织的布料。丝绸之路沿线的贸易起源于公元前 2 世纪，把丝绸和金线等中国商品带到西亚、亚历山大和叙利亚。萨珊王朝的波斯就以彩饰艺术品和黄金编织的丝绸而远近闻名。[1]

中国制造商精心守护自己的桑蚕养殖知识，以此维护在丝绸及其生产技艺上的垄断地位，金线只是其中的一小部分。在公元 6 世纪以前，欧洲人不仅缺乏纺织丝线必不可少的原材料，包括桑蚕和桑树，而且认为丝线来自印度而非中国。位于丝绸贸易路线中枢的萨珊王朝帝国在罗马帝国衰败期间显示出了实力，而东罗马首都君士坦丁堡的皇家纺织作坊发现，他们

---

[1] 刘欣如（Xinru Liu），《丝绸与宗教：公元 600—1200 年人们的物质生活和精神探索》（*Silk and Religio: An Exploration of Material Life and the Thought of People, AD 600-1200*），Oxford，1998，P.21.

越来越难获得足够的生丝来满足当地和西方各国的需求,这就促使欧洲开始培养本土养蚕业。正是在这一时期,两名拜占庭和尚旅行抵达中国(他们也有可能是波斯的基督教徒),在中国时成功地观察到了桑蚕养殖方法。根据拜占庭编年史家普罗科皮乌斯(Procopius)的记载,这两位和尚向查士丁尼一世(Justinian I)禀报了他们的发现,并在他的资助下开始了第

一位不知名的英格兰-佛兰德学派画家创作的金雀花王朝爱德华四世肖像画(约1520年)。

二次旅行。这一次他们设法把养蚕所需的原料偷运出了中国：幼蚕和小棵的盆栽桑树，并且想方设法让它们在漫长的归途中活了下来。

编织黄金织物以及使用金线的刺绣产业，在拜占庭帝国时期兴盛起来，帝国的作坊产品不仅要供应拜占庭的帝王和教会显要人物，还要供应继罗马帝国之后兴起的西欧各部落。这些产业也在波斯、巴格达和伊斯兰伊比利亚繁荣发展。除了用黄金包裹的丝线和普通金线外，伊斯兰世界还制造一种用于编织的黄金纱线，是在羊毛外面包裹镀金羊皮纸。具有伊斯兰设计特色的黄金锦缎在信奉基督教的欧洲开始流行，并在众多中世纪晚期的宗教绘画中有所体现，例如后面的 16 世纪爱德华四世（Edward IV）肖像画。

为了满足对奢侈服装的需求，12 世纪的欧洲金匠改进了镀金银线的工艺，用镀银线大规模生产"黄金布料"由此成为可能，金匠们又在距今更近的时期发展起将金线拉细到满足纺织品制造所需的技术。16 世纪用于拉线的金匠长凳只保存下来一件，本身就是件奢侈品。它的长度是 4.4 米（14.4 英尺），这可以表明，它的功能就是把短而粗的金线拉成很长很细的金线。

这些发展让欧洲王室能更夸张地展现他们的富丽堂皇，但是也让地位稍低的人更容易得到奢侈纺织品，虽然法律明令禁止他们消费奢侈品，相关的法律现在称为禁奢法令。对黄金布料的限制规定是中世纪禁奢法令的重要特征，同时受限的还有银线布料、丝绸和其他用于制作服装的材料。这些限制个人炫耀财富的法令于13世纪开始实施，经过多年的发展，成了按官职细分的体系，对服装的检查严格到非常细微的程度。例如，在17世纪的法国，法令规定了天鹅绒斗篷边上的刺绣宽度不能超过一根手指，还禁止使用黄金纽扣，禁止对四轮大马车镀金。禁奢法令通常视自己为混乱世界中的道德捍卫者。历史学家倾向于怀疑地审视这些说法，把这样的法律解释为维护封建社会阶层差异的一种策略。但是欧洲禁奢法令的黄金时代不是"封建的"中世纪，而是近代，当时各方面的社会差异在经济现实中变得越来越缺乏基础。我们可以认为，在各类支出的界限被收入打破时，由王室起草的禁奢法令作为一种政策，目的是维护国民支付现金的水平，尤其是更加富有的国民，让他们能交纳足够的税支持代价高昂的战争。一些法律特别规定，要保护地方产业免受外国产业入侵。一般而言，它们回应的是社

会流动性，尤其是城市生活中日益增加的匿名性。与服装相关的禁奢法令加强了阶层、性别和职业的视觉识别度。法律制度还要求犹太人、穷人和外国人佩戴特殊的区分标记，并对女性的地位加以划分（适婚、已婚、寡居或妓女）。

然而，禁奢法令在它们所谓的功能上很少发挥多好的作用。它们通常受到忽视。事实上，公布这些法令甚至可能是在提供一些信息，让人们可以藐视这些法令，并教导社会地位"较低"的成员应该有什么样的物质渴求，从而刺激消费。[1] 正如蒙田（Michel de Montaigne）所言，"法令规定除了王子无人能吃多宝鱼，穿天鹅绒佩金饰带，禁止人们享用这些物品，这样做除了将之引向更多的赞誉，让每个人都渴望享用这些东西，又还能有什么呢？"[2] 事实上，人们在构思这些法律时，是不是就认为它们将被违反，会不会怀有更具讽刺意味的动机，要支持奢侈品产业的发展呢？

在诸如"金缕地"这样的特殊事件中，国王允许出现违反禁奢规定的例外情况，接受甚至鼓励原本可能会遭到禁止的炫富行为，将之纳入皇家的盛大活动。当代评论者认为，所有的皇家使臣竞相穿戴最艳丽的服装的同时，其实正在走向破产。从他们的评论中，我们可以听到禁奢法令内容的种种回音，不

---

[1] 哈特（N.B.Harte）.《工业革命之前英国的着装管理和社会变化》（"State Control of Dress and Social Change in Pre-Industrial England"）.《工业革命之前英国的贸易、政治和经济》（*Trade, Government and Economy in Pre-Industrial England*）.D.C.Coleman and A.H.John.London，1976，pp.132-65.

[2] 米歇尔·德·蒙田（Michel de Montaigne）著.《随笔录》（*Essais*）.查尔斯·科顿（Charles Cotton）译.London，1870，p.183.

过针对的不是设法挤进上流社会的人，而是整个社会及其价值体系。例如，编年史家马丁·杜·贝莱（Martin du Bellay）不满地说，出席者"背负着他们的森林、磨坊和田地"。①他的意思是这些人在滥用财产，滥用组成他们实际财富的相关自然资源。罗彻斯特主教约翰·费舍尔（John Fisher）在布道中指出，所有的华丽服饰不仅俗气而且低俗：蚕丝"来自桑蚕的内脏"，给蚕丝上色的颜料出自"真正邪恶的生物"，黄金不过是尘土。②

其他领域
Other worlds

纵观人类使用黄金的全部历史，金匠的一项关键技术就是通过镀金给各种物品"穿上"黄金外衣。黄金很容易打造成用于镀金的薄片，适于表面装饰。在许多文化中，金属制作工匠都会镀银，得到的物品就是镀金银器，但中国金匠还会给木制品、石制品、黏土制品和青铜制品镀金。正如前面所述，在欧洲文艺复兴中，镀银线是黄金布料制造过程中的重大发展。无论是功能性器件、珠宝还是纺织品，在表面贴金都让黄金的使用更加经济。然而，与镀金联系在一起的，还有从道德角度提出的其他反对观念，对此我们在前面也有所提及。英语谚语"为百合花镀金"意味着过犹不及，或许是对自然美的冒犯。19世纪后期美国则出现了"镀金时代"的说法，以此指出这一时期

---

① 马丁·杜·贝莱（Martin du Bellay）.《马丁·杜·贝莱回忆录》（*Memoires de Martin du Bellay*）.Paris，1569，p.16.

② 约翰·费舍尔（John Fisher）.《下面是两场布道》（*Here After Ensueth Two Fruytfull Sermons*…）.London，1532，f.B2r.

保罗·波烈（Paul Poiret）用黄金和丝绸制作的"Irudrée"女装，1922。

的财富外露掩盖了纸醉金迷背后的各种社会问题，包括不断加大的贫富差距、城市贫民区的扩大、种族主义观念的日益合法化。同样不足为奇的是，镀金时代带来了一种消费批评理论，那就是托斯丹·凡勃伦（Thorstein Veblen）的有闲阶级论。对文艺复兴时期的国王们来说，穿戴黄金仍然可以炫耀地位和奢华，但另一方面，这种做法既是消费也是财富积蓄。熔炼黄金珠宝服饰并不困难，不会影响原料的价值，制作珠宝和服装的工匠工资十分低廉，劳动成本基本上微不足道。但是到了19世纪，女裁缝师为新兴富人制作了光灿夺目的服装，让服装制造成了一种艺术，富人们花样翻新的衣柜为凡勃伦提出的"炫耀性消费"这一概念给出了定义。

新兴的服装设计继承了早期欧洲人的黄金观中的东方主义。高级服装设计师保罗·波烈（Paul Poiret）在亚洲和中东图案花式的基础上设计出了黄金织物礼服，特别值得一提的是，这种设计方式让他在20世纪初主张为女性设计更直挺、更宽松的服装，省去了束身内衣。他的设计理念在20世纪20年代得到普及，塑造了更加不拘传统的时尚女性形象。与他同时代的马瑞阿诺·佛坦尼（Mariano Fortuny）也因使用异域黄金织物而闻名。[1] 普鲁斯特（Mariano Proust）曾把佛坦尼长袍描述为"风靡一时，如同点缀着阿拉伯装饰物的威尼斯，如同威尼斯的宫殿，隐现如多孔石头屏风后苏丹的妻子……它化身为可锻的黄金，一如贡多拉划过水面时，大运河的碧蓝变成了璀璨的金属"。[2]

---

[1]《现代黄金衣的发展》（"On the development of modern gold cloth"）.见 J.P.P. Higgins.《黄金衣：纺织品金属化的历史》（*Cloth of Gold: A History of Metallised Textiles*）.London，1993.

[2] 普鲁斯特（Marcel Proust）.《追忆似水年华》（*A La Recherche du temps perdu*）.

在20世纪30年代的大萧条期间,好莱坞形成了穿戴金线锦缎礼服的风气,因为这样的服装光灿绚丽。琼·克劳馥(Joan Crawford)在电影《女人》(1939)中扮演泼妇克莉丝朵·艾伦(Crystal Allen),以露脐的金线锦缎晚礼服暗示一桩丑闻。克劳德特·科尔伯特(Claudette Colbert)在1939年的电影《午夜》中扮演一名困在巴黎的不走运的美国歌舞女郎,除了身上的金

Paris,1987—1989,vol. III, pp.895—896.

线锦缎晚礼服外几乎身无分文。在《国外的艺术家与模特》(1938年)中,琼·贝内特(Joan Bennett)扮演的角色伪装成一名倒霉的旅行者,最后亮出的真实身份却是身穿奢华金缎礼服的美国女继承人。具有讽刺意味的是,电影观众无法看到这种锦缎的金色。那时拍摄的黑白电影之所以选用这种布料的衣服,是因为摄影效果好,可以产生一种流动的光泽,不过观众们只能满足于想象中的奢华,他们毕竟经历了大萧条。到了20世纪

电影《埃及艳后》中的伊丽莎白·泰勒(1963)。

40年代，政府为电影制片厂配给纺织品，设计师也从珍贵的金属织物中解放了出来。

二战结束后，黄金重新登场。彩色电影让黄金得以闪现出特有的黄色光芒。在伊丽莎白·泰勒（Elizabeth Taylor）主演的电影《埃及艳后》（1963年）中，她所穿的黄金衣代表着魅力和异国情调。这件金袍由24克拉金线制成，花费13万美元（按1963年的美元价计算）。[1] 这部影片是彻底的失败。人们当然不会把失败归咎于泰勒服装的外观，却可能会认为彩色影片让黄金衣装看上去过于花哨，甚至有点拙劣。在二战后拍摄的影片中，服装设计使用黄金不是为了显示奢华，而是为了科幻效果，比如设计宇航服，特别是外星人和机器人的服装和皮肤，这是不是主要原因之一呢？在弗里茨·朗（Fritz Lang）的首部电影《大都会》（1927年）中，机器人玛利亚是用黄金做的，虽然呈现出的是黑白两色，如同20世纪30年代荧屏上身穿金线锦缎的女神。近些年的电影中也出现了一些身穿黄金服装的形象，例如《星际迷航·原初系列》中的罗米兰人、《飞天大战》中奥内拉·穆蒂（Ornella Muti）扮演的公主奥拉、《银翼杀手》中乔安娜·卡西迪（Joanna Cassidy）扮演的左拉，最出名的或许是《星球大战》里的机器人斯瑞皮欧（c-3Po）。

在瓦尔纳和其他古遗址中发现的黄金表明，与黄金联系在一起的不仅是权力和财富，还有来世，即现实的一种替代。在使用黄金彰显魅力和异域情调，表现未来世界或外星世界时，好莱坞给电影中的角色穿上了黄金服装，来表现另外的世界或另外的物种。回想起来，黄金似乎显得粗俗或造作。即使在好

---

[1] 黛博拉·兰蒂斯（Deborah Nadoolman Landis）.《衣装：好莱坞服装设计100年》（*Dressed: A Century of Hollywood Costume Design*）.New York，2007，p.244.

《星球大战》中的斯瑞皮欧（1977）。

莱坞的经典时期，闪烁的金光也是既引向虚幻的"恒星"天际，也附着于显得粗俗的物质财富之上。不过这种粗俗也是跨越规范和反抗历史压迫的一种途径。在嘻哈文化中，作为自由资本主义的一种形式，亮光闪闪的奢华装饰不论是真还是假，都能够让设计师通过多余的光芒建构自己的形象。① 在下一章里，我们将讨论黄金在宗教和政治背景下代表的物质和精神力量的汇合。不论人们怎样尝试区分看待，黄金的这些功能都还是交织在一起。

---

① 克莉斯塔·汤普森（Krista Thompson）．《光之声：在嘻哈视觉文化上的反映》（"The Sound of Light: Reflections on Art History in the Visual Culture of Hip-hop"）．《艺术公报》（*Art Bulletin*），XCI/4 (December 2009), pp.481—505.

Gold、Religion and Power
II 黄金、宗教与权力

在膜拜仪式中使用黄金的古老传统一直延续到了现代。当今的泰国佛教信徒会购买方形的黄金小箔片"积累功德",并用这些箔片装饰佛像,出售金箔带来的收益有助于维持寺庙的日常开支。这样的活动通常发生在每年的庙会上,通俗来讲就是"把黄金放到佛像上的节日"(ngarn pid thong phra)。[①] 在这些场合以及其他场合,虔诚的信徒把金箔贴在佛像和包括佛陀脚印在内的其他圣物上。一些信徒希望治愈身体的某些疾病,就会选择把金箔置于佛像身体的相应部位。金箔贴得不均匀,结果产生了令人震撼的视觉效果。某些位置的金箔会越贴越厚,有时金箔贴得不牢,会随风摇曳。这番景象留给局外人的印象是年深日久,镀金涂层渐渐磨蚀,然而对于信徒来说,它们代表的不是衰败,而是佛像生命的延续。

做功德是个人的精神行为。信徒通过做善事积累功德,并在寻求涅槃的纯净状态时把功德带到来世。不过做功德也可以是一种旁人可见的社会行为。有人认为,某些做功德的人更关

[①] Thanapol (Lamduan), Chadchaidee.《我年轻时的泰国》(*Thailand in my Youth*).Bangkok, 2003, pp.59—68.

心的是邻居的看法，而不是自身的精神生活，这种假定是泰语短语 bpìt tong lãng prá 的渊源。"为佛陀的背部镀金"，是他人看不到的，这意味着默默无闻地做好事，不期待别人感谢。当然，除了宗教用途之外，黄金还在很长时间里发挥着经济上的职能。因此，我们从泰国的情况可以看出，为了宗教目的使用黄金，特别是公开使用黄金，似乎存在违背敬神本意的风险，

曼谷金山寺中覆盖着金箔的佛陀雕像。

仿佛捐赠者是在夸耀所能捐出的财富，以此宣扬自己的荣耀。

在隶属不同文化的很多种宗教里，黄金的形象都是闪闪发光，具有现世之外的来世特质，这种特质被视为神灵所有。有时人们会把黄金与身体密切联系在一起，例如，在古代美洲，阿兹特克人把黄金描绘成"神的排泄物"，印加人则认为黄金是"太阳的汗珠"。古埃及人的联想略为优雅一些，他们把黄金视为神的血液或肉体，尤其是太阳神拉和奥西里斯（Osiris）以及哈托尔女神（Hathor），哈托尔有时等同于黄金本身。[1]在印度教教义中，黄金源自三头怪（Viśvarūpa）破碎的身体，从布拉贾巴蒂（Prajāpati，生主）的心脏喷出来创造梵天（Brahmā），梵天来自火神阿耆尼（Agni）的种子和水的结合。据说湿婆（Shiva）是液体之神。在《罗摩衍那》里，黄金（以及所有金属）是通过阿耆尼的种子在大地中产生的。[2]因此，黄金这种物质本身常常具有神的特征，使用黄金在人们的理念中也成了向神灵致敬的恰当方式。古代印度宗教祭祀仪式使用的很多器具和器皿都是黄金做的。南亚和东南亚许多礼拜场所的外部都装饰着黄金：高耸的仰光大金塔是仰光的一座佛塔；大金石，又称吉谛瑜佛塔，也在缅甸，是坐落在镀金巨石上的寺庙；印度阿姆利沙的哈曼迪尔寺又叫金庙，是一座重要的锡克教寺庙。世界上最富有的寺庙帕德玛纳巴史瓦米庙也在印度，位于喀拉拉邦特里凡得琅，这座寺庙中的黄金制品价值达数十亿美元。黄金同样也在全世界其他寺庙的内部闪烁光芒：伊斯坦布尔圣索

---

[1] 大卫·洛顿（David Lorton）译.《埃及众神》(The Gods of Egypt).Ithaca, NY, 2001, p.44; Sydney Hervé Aufrère, L'Univers minéral dans la pensée egyptienne.Cairo, 2001, vol. II, p.380.

[2] 大卫·乔丹·怀特（David Gordon White）.《炼金之躯》(The Alchemical Body).Chicago, IL, 1996, pp.189—191.

公元6世纪修建的缅甸仰光大金塔。

公元16—17世纪建造的印度阿姆里沙哈曼迪尔寺(俗称金庙)。

土耳其伊斯坦布尔圣索菲亚大教堂拜占庭镶嵌画上的耶稣基督特写,黄金和玻璃拼成的马赛克,公元9世纪建造(公元867年之前)。

菲亚大教堂的马赛克，是由方块形的小黄金片镶嵌而成的，墨西哥城大教堂的瑰宝，是镀金的国王祭坛。遭到西班牙人劫掠的印加黄金庙宇几乎没有留下实物证据，不过据说太阳神殿科里坎查(Coricancha)从内到外都覆盖着金片，缀满了黄金饰品，或许是世间最流光溢彩的寺庙。

除了太阳神殿这样的地方之外，印加国王们还用金银制造装饰品，例如权杖、长矛、戟，以此显示他们的神圣出身。统治精英被视为太阳和月亮的后代。埃及寺庙和埃及国王的坟墓经常配有带金箔的浅浮雕和镀层，皇室成员去世后用黄金陪葬，棺椁饰有黄金。在信奉基督教的欧洲，帝王的黄金王冠上的珠宝经常镶成十字架形，以此在精神力量和政治力量之间建立起联系。其他精英人物也有类似的情况，他们使用神圣的黄金制品表示权力，而他们的权力是通过神的力量获得的，他们有时拥有宗教方面的职能。根据希罗多德的记述，塞西亚人相信黄金器具从天而降，包括一个杯子、一把斧子、一副牛轭和一张犁，表明他们统治者的权力是神授予的。希罗多德可能不了解把黄金带到内蒙古鄂尔多斯文化的真实事件，但他的故事听起来像是事件的神话版本。这些欧亚大草原上的游牧民实际上隶属希腊人所说的塞西亚人，他们放牧牲畜，在镀锡的青铜上制作美轮美奂的装饰物，对这种材料最为钟爱。但在公元前4世纪，游牧民族之间不断开战，明显受到珍视的黄金打乱了他们的生活方式。很快，该游牧民族开始了马背上的骑行和游牧生活，确立了金属的等级制度，其中黄金处于首位。他们没有生产黄金器物，但他们用来装饰马匹的带扣和缰绳装备绚丽夺目，这些都是中国制造的，目的就是向北方邻居出口。十六个世纪以后，忽必烈汗征服中原建立元朝，那些跃上马背的武士们的

墨西哥城大都会教堂的国王祭坛。

后代征服了中国出口商的后代。①

　　同塞西亚的皇家器物一样，作为西非阿散蒂人的象征，阿散蒂黄金椅（Asante Golden Stool）也被认为是自天而降。阿散蒂属于现代加纳的一部分，位于欧洲人之前认为的黄金海岸。这把黄金椅"诞生于星期五"——据说它在公元1701年落到了阿散蒂第一位国王奥赛·图图（Osei Tutu）膝上。座椅上有众多铃铛：其中一个铃铛的作用是召集人民，两个铃铛是在抬着座椅游行时宣布它的到来，还有很多象征着阿散蒂国王打败敌人的一系列人形铃铛。②对阿散蒂人来说，黄金从过去到现在都是宫廷陈列的重要物件。阿散蒂国王和使臣佩戴的其他黄金制品包括戒指、串珠、帽子、饰剑。有的奴隶或仆人负责净化国王灵魂，清除国家暴力对国王灵魂的道德影响，他们佩戴着灵魂净化者的圆盘（akrafokonmu）。国王的发言人是一名"精通语言学的人员"，戴有黄金尖顶饰物（kyeame poma）。在阿散蒂王国，黄金重要象征地位的另一个标记源自根本不是由黄金做成的器件：通常用铜制造的黄金砝码，它们样式精美，遵循17世纪开始的表现形式。黄金椅具有如此神圣的地位，就连国王都不会坐在上面，人们很难看到它的面目，它呈现的是欧式座椅风格。1900年，殖民地总督弗雷德里克·霍奇森爵士（Frederick Hodgson）在当时英国最新开拓的一个殖民地安顿下来时，傲慢地要求坐在黄金座椅上，阿散蒂人起而反抗这样的侮辱，打响了金座椅之战，并在库马西包围了英国人。特别

---

① 《欧亚游牧民族》，展览目录（V.N. Basilov, Nomads of Eurasia, exh. cat.）. 洛杉矶县自然历史博物馆（Natural History Museum of Los Angeles County），1989.

② A. 克列梅藤（A.Kyerematen）,《阿散蒂皇家座椅》（"The Royal Stools of Ashanti"）,《非洲》（Africa: Journal of the International African Institute），XXXIX/I（January 1969），pp.1—10，3—4.

灵魂圆盘垂饰（灵魂净化者的圆盘），
19世纪加纳铸金打造。

公元前3世纪—公元前2世纪带有俄尔普斯铭文的希腊金牌。

西非黄金海岸阿拉克的阿散蒂国王和黄金椅，1946 年 12 月。

值得一提的是，这是一场维多利亚女王和阿散蒂王母（Queen Mother Yaa Asantewaa）之间的战争。尽管阿散蒂人最终失去了对领土的控制权，但他们保住了黄金椅，时至今日，黄金椅仍是加纳阿散蒂传统权力的象征。

从世俗的观点来看，自古以来统治者还一直拥有一种特权，就是把戒指、奖杯、奖章等金色纪念品颁发给宠爱的人和仆人，这就奠定了把"金牌"作为竞赛奖品的基础，这种做法产生于近代欧洲，1900 年前后发展成现代奥林匹克运动会上使用的金属雕刻奖牌体系，包括金牌、银牌和铜牌。

用黄金书写
Written in gold

在宗教背景下,黄金的一项特殊用途就是用作书写材料或书写工具。摩门教的创立者约瑟夫·史密斯(Joseph Smith)声称从名为莫罗尼(Moroni)的天使那里得到了"金片",在金片上发现了经文,他翻译了这些经文,并在1830年以《摩门圣经》(*Book of Mormon*)之名出版。在古代地中海地区,人们准备一种刻字的薄金片,作为死后转世的"通行证",被称为薄片或俄尔普斯金片。它们有时被切成特殊的形状,卷成护符(一种有魔力的护身符),上面刻有安慰和告诫死者的话语,对他们在去往阴间的途中看到的一切给出指导。一些金片似乎是活着的人使用的,旨在拥有神奇的力量,以此取得保护、胜利或美好爱情。在许多早期欧洲文化里,一些人下葬时舌头上或身边会放着金币,这在希腊被称为"卡戎的钱币",是通过冥河时付给摆渡人的。用更合适的话语来说,这些"硬币"实际上是印有人物或神话人物图像的薄金片。

不论黄金的神圣价值是否超越它在各个既定文化里的货币用途,许多文化都面临着在黄金的神圣性与世俗性之间建立关联的问题。在宗教活动中黄金通常处于自相矛盾的境地。黄金与生俱来就是贵金属吗?还是说它的价值完全源自人们的习俗,正如钱币本身一样?凭借黄金把荣耀给予上帝妥当吗?还是说黄金的物质性源于其精神力量?除了经济上的特征,黄金的耀眼光芒也让人从道德层面对它产生怀疑。

在基督徒称之为《旧约全书》的希伯来圣经中,可以看到对敬拜活动中使用黄金的做法的生动描写。在这种背景下,黄金所处的地位显然自相矛盾。黄金首先作为金牛犊的材料以负面形象出现。在《出埃及记》中,摩西爬上西奈山去接受写着律令的石板,也就是"十诫",然而以色列人厌倦等待,请摩西的兄长亚伦为他们创造神灵:

> 亚伦对他们说:"你们去摘下你们妻子、儿女身上的金环,拿来给我。"
>
> 百姓就都摘下他们身上的金环,拿来给亚伦。亚伦从他们手里接过来,铸了一只牛犊,用雕刻的器具做成。
>
> 他们就说:"以色列啊,这是领你出埃及地的神。"(32:2-4)

铸造金牛犊直接违反了几条戒律。第一条戒律说,"我是耶和华,你的上帝,曾将你从埃及地为奴之家领出来";你不可有别的神;不可为自己雕刻偶像。以色列人因为违背了不懂得的戒律而受到惩罚,这是否完全公平仍然是个问题,但是就雕刻偶像的意图而言,这里的叙述也与后来欧洲宗教辩论中对于偶像崇拜的争论互相呼应。上文引用的句子清楚地表明金牛犊是亚伦的手工制品,然而后来,摩西询问亚伦金牛犊从何而来时,他却声称,"他们给了我金环,我把金环扔在火中,这牛犊便出来了。"人们可能会问,亚伦是否真的忘记了自己的制造行为,还是因为感到羞耻,试图掩饰真相。这

右图:慕尼黑的大师薄伽丘,《根据所罗门王旨意建造耶路撒冷圣殿》,公元 15 世纪在羊皮纸上用颜料和黄金绘制。

与几个世纪以来反复受到关注的问题相应，那就是，人类塑造出宗教形象，却只是为了忘记或掩饰这些物品其实来自人的塑造。偶像崇拜的关键行为，就是把神的存在落实为人类的加工品，然后膜拜它们。《圣经》批评中经常提到的一种推论就是，偶像崇拜者把自身解释成崇拜的实体，人成为物，如同把生命力归结为无生命的物质。

这种特色并非黄金或贵金属所独有。木头也常被提及，或许是因为在希腊语里指称木头的单词"hule"也是物质的概括词。但是黄金在《圣经》对偶像崇拜的讨论中占据特殊地位。用白银和黄金制作偶像的想法出现在《圣经·旧约》的诗篇以及《何西阿书》和《以赛亚书》中。在《新约·使徒行传》里，保罗重提了这些早期的陈述："我们不应认为，神是黄金或白银或石头，是人类以其设计和技巧制造出来的物体。"然而，《圣经》也提供了素材，让我们可以认为黄金是一种敬神或表达天国事物的极佳方式。摩西对以色列人崇拜金牛犊感到愤怒，就摔碎了写着戒律的石板，但石板的碎片被安置在耶路撒冷的神殿，那至圣之所，据信是所罗门王用黄金器物装饰这些碎片并把它们完全用黄金包裹起来的。根据《圣经》的记载，所罗门王的父亲大卫王给了他十万塔兰特的黄金来建造这座神殿。塔兰特是重量单位，我们不知道这究竟代表多少黄金，但是一塔兰特白银可以支付一艘三层战船的船员一个月的薪水，可想而知，十万塔兰特黄金价值不菲。除了所罗门神殿，《启示录》中约翰所看到的新耶路撒冷毫无疑问也是神圣的场所，是一座用纯金建造并铺设道路的城市。

因此，《圣经》文本提供了从消极和积极两方面思考黄金的依据。基督教神学形成于罗马帝国及之后的中世纪欧洲和拜占庭，它们同样既接受物质世界又对物质世界存在敌意。在西欧，基督教开始时是低收入人群私下进行的礼拜活动，后来成了罗马帝国的官方宗教。君士坦丁大帝在公元312年皈依基督教，为教堂带来了帝国的奢华装饰。从这时起，基督教教堂成为永久性的公共建筑，教堂外部镀金，内部用艳丽夺目的金箔和带有黄金镶嵌物的马赛克装饰。在公元4世纪，这些"黄金"嵌片（把黄

9世纪意大利罗马圣普拉塞德教堂圣齐诺小教堂的镶嵌物。

金薄片裹在玻璃中制成）开始用于描画教堂拱顶的背景和其他地方，以产生纯金质地的效果。

正如我们所看到的，作为物质实体的黄金表现出了现世之外的显赫，但有时又似乎与之冲突。《圣经》的解释者在解释古老文本里黄金的含义时，通常强调象征性的诠释：黄金暗示的是道德美而不是奢华。在基督教发展的早期，圣哲罗姆批评过福音书手稿的奢华风格，那些手稿是用黄金书写在紫色羊皮纸上的，这种做法被称为金墨水书法，他在《约伯记》的翻译前言中指出，有些人更关注书的奢华程度，而不是文本内容的正确性。圣哲罗姆在一封信中写道："把羊皮纸染成紫色，熔化黄金来书写文字，用珠宝装饰手稿。基督赤裸地躺在他们的门口，奄奄一息。"① 哲罗姆的批评无法阻止富有的赞助者委托他人用黄金墨水和金箔书写并绘制豪华的书籍。巴拉丁拉丁文版本(Codex palatinus)和希腊语的锡诺普福音

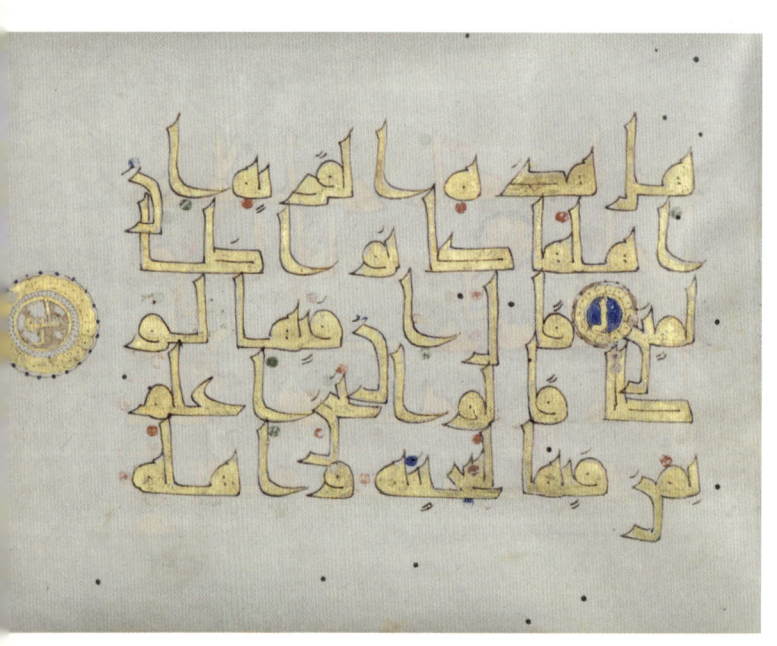

公元9—10世纪用黄金和墨水在羊皮纸上书写的库法体《古兰经》。

---

① 圣哲罗姆（St. Jerome）.《书信》（Letter），XXII.

（Sinope Gospels）版本，也是把优质的牛皮纸染成紫色，然后用黄金抄写的。

与此相似的情况是，伊斯兰教禁止使用黄金誊写《古兰经》或采用其他装饰，但是与此同时，现实中又存在着似乎直接违反了这些规定的大量例子。①《古兰经》中八次出现黄金，四次是指信徒将在天堂享受的乐事和奢侈品。《古兰经》43:71说，天堂里的黄金盘子装着"灵魂想要的一切"。但是禁止使用黄金饰品的含义是，在今世用金杯和银杯饮水将会让人感到地狱之火在胃里燃烧。伊斯兰教手稿装饰者在公元9世纪晚期或10世纪早期用黄金在靛蓝着色的牛皮纸上书写，制作出"蓝色《古兰经》"，这可能是模仿基督教的做法。在最早的清真寺中，人们用马赛克镶嵌物组成的黄金字样书写神圣经文。被称为库法字体的手写本就是从这种黄金马赛克字样发展而成的，库法字体出现于8世纪初，用来书写《古兰经》。② 用黄金库法字体书写的《古兰经》手稿有一个奢华的版本，每页只有几个字，尽展其奢华的一面。正如塞尔柱帝国用黑色库法体字母在黄金上书写的《古兰经》手稿，黄金也可以充当书写的材料。

伊斯兰教手稿的黄金书法通常可以表示强调，例如"以主之名"，或作为章节的标题。但有时黄金在手稿绘画中起到象征性的说明作用，例如在描绘先知穆罕默德升上天国这一充满神秘感的事件时，黄金代表着预言之火或神圣的精华。这个故事被人反复传诵。在穆罕默德升天的神奇之旅中，先知穆罕默德由天使加百利从圣地麦加的清真寺送到耶路撒冷"遥远的清

---

① 阿拉因·乔治（Alain George）.《伊斯兰书法的兴起》（*The Rise of Islamic Calligraphy*）. London，2010，p. 91.

② 同上，pp.74—75.

真寺"。他抵达天国，最后在上帝的宝座沉思神性。在手稿中，这一事件经常配有黄金插图，以此象征穆罕默德周围的火焰以及他遇到的天国中的事物。巴黎法国国家图书馆收藏着15世纪用维吾尔语在帖木儿皇家工坊书写的穆罕默德天国之旅。《一千零一夜》的译者安托万·加朗（Antoine Galland）1673年在君士坦丁堡得到这本书后将之运到法国。在展现穆罕默德遇到神圣存在的那一页上，穆罕默德被金色火焰的小溪包围。这一场景在手稿插图中非常流行。同样的插图出现在献给伊斯坎达尔（亚历山大）的《智慧书》（Book of Wisdom）中，是16世纪波斯萨菲王朝诗人贾米（Jami）的 Haft Awrang 配图手稿。其中穆罕默德脸上罩着白色面纱，骑着骏马，周围是金色的火舌和陪同的天使。

欧洲中世纪的手抄本也普遍使用黄金。查理曼大帝（Charlemagne）和他的继任者延续了用黄金书写豪华版福音书的传统，例如公元9世纪早期用黄金在染成紫色的牛皮纸上书写的《福音书》。不过在中世纪后期，用黄金装饰手抄本却成了一种相当常规的形式。从技术上来讲，一本手抄本若要具有"光明启示"的效果，就必须配有金银装饰。最初，艺术家把金粉加到油画媒介剂中，这样就可以用画笔蘸上金粉和其他颜料绘画。要得到金粉，就需要把黄金加上盐或蜂蜜研磨，这样才能彻底磨成粉，而捶打黄金只会形成薄薄的金箔，金粉可以和其他颜料一样存放在贻贝壳里，因此称为"贝壳金粉"。从12世纪开始，装饰书稿的人会把金片加到选好的页面位置，用来标示某些文字，特别是标题或神圣的名字，这些文字配有边框或其他装饰性的设计，尤其是在书写标题或神圣的名字时，以有代表性的黄金图片作为背景或强调。大约公元1200年以后，

《古兰经》原稿的对开纸,约1180年,塞尔柱帝国(伊朗东部或今天的阿富汗)纸上显示有墨水、不透明水彩和黄金材料。

上图：先知穆罕默德在地狱门前祈祷（1436），出自《穆罕默德天国之旅》。米尔·海达尔（Mir Haydar）完成，阿富汗赫拉特帖木儿王朝皇家作坊制造，纸上显示有颜料、墨水和黄金材料，收藏于法国国家图书馆。

下页图：圣梅达·德·苏瓦松福音书中的传道者圣马克，公元9世纪。

上图：《黑皮时间书》是《时间书》的手稿之一，在熏染或上漆处理过的黑色牛皮纸上书写并配图的黄金文本。比利时布鲁日，约 1470 年。

上页图：《先知升天》，波斯诗人贾米（1414—1492）的《七宝座》（Haft Awrang）对开页面，用不透明水彩、墨水和黄金在纸上绘制。《七宝座》可能写于 1556—1565 年的萨法维王朝时期。

在手稿制作中使用黄金的做法迅速发展。随着西非黄金贸易的扩张，加上1204年欧洲十字军对君士坦丁堡的洗劫，欧洲的黄金供应量得到了提高。另外，中世纪后期城市图书行业的发展促进了金片的使用。在这方面，与那些经常在露天修道院旁的小隔间里工作的僧侣抄写员相比，专业作坊的专业书稿装饰者拥有更好的工作条件，因为捶打金片难以操控，并且需要完全避风的作业场所。专业书稿装饰者打造的最受欢迎的一本书是《时间之书》（*Book of Hours*）。这些书由富有的赞助人委托制作，或者是为了投放市场而制作的私人祈祷用书，通常用黄金装饰。纽约摩根图书馆收藏了一本"黑皮时间书"，是用黄金和白银在印染的黑色羊皮纸上书写的，让人想到更早时期流行过的紫色牛皮纸上的金色书法。

石与骨
Stones and bones

基督教的思想观念随着时间推移而发展，在这个过程中，人们争论的一个主题就是，物质的东西究竟能在多大程度上充当通往神圣之路的手段。新柏拉图主义给很多中世纪神学家带来过启迪，从新帕拉图主义的视角来看，宇宙构成了自神灵而降的等级制度，其中物质世界的地位或多或少有些偏远。公元5世纪的新柏拉图作家普罗克洛斯（Proclus）在写作时曾经以黄金作为例子。正如古典主义学者彼得·斯特拉克（Peter Struck）描述的那样：

> 一束光，或一连串光，离开唯一的神至高无上的高度，并以非常接近其本源的方式，自身显现为希腊

的传统神灵阿波罗。这同一束光继续向下进入智慧王国，呈现出柏拉图式的太阳的实体……接着，它进入物质层面的外部边界，这光线呈现出我们在天空中看到的实际存在的太阳的实体。然而，这光没有停留于此，而是继续下降到物质现实的更低层面，进入植物层面，在此呈现出向阳植物，并且进入矿物层面，作为金子出现。

这种思维方式可以让人们从不同的视角出发，把黄金视为一种矿物质（硬度低的物质中最低的一种），或视为与最高神性的表达密切相关，或是二者兼有。的确，黄金在《圣经》最神圣的部分得到了特殊强调。教堂中的黄金让所罗门圣殿焕然一新，为信徒营造了流光溢彩、引人注目的耶路撒冷天国的形象。世界上第一座哥特式教堂是12世纪修建的圣丹尼斯大教堂，休格 (Abbot Suger) 在描述他所监管的教堂工作时，反复强调教堂的容器、十字架、挂毯、镀金刻字、壁画和圣坛都带有金光闪闪的装饰。黄金特别适合盛放圣餐和圣徒遗骸。他说，黄金的光辉以更荣耀和显赫的方式把"参观者"的目光聚焦到圣徒身上。他提议，活着的人"应该认为，那些最值得敬仰的人们太阳般光灿的灵魂敬奉着全能的上帝，对于他们最神圣的骨灰，我们要以能找到的最珍贵的材料盛放：纯金、大量红锆石、绿宝石和其他宝石。黄金配得上这样的用途。"休格指出了黄金的一种重要的宗教用途：用作盛放圣人尸骨或遗骸的圣骨匣材料，把他们笼罩在璀璨的光芒中。欧洲最大的基督教圣骨匣是科隆大教堂的三王圣龛，它是由黄金制成的。这个圣骨匣长度超过2米（6英尺），由12世纪凡尔登的尼古拉斯打造，目的是盛放东方三贤的遗骸。东方三贤本人也有黄金制造的遗物：

一枚5世纪拜占庭皇帝芝诺（Zeno）统治时的苏勒德斯（solidus）金币被视为"三贤硬币"，存放在米兰供人敬拜，这枚金币据称属于东方三贤带给圣婴耶稣的黄金礼物。但大多数遗物是遗骨以及其他圣徒生活过的主要实物证据。事实上，这些遗物远远不止在象征意义上代表圣人。圣物就是圣人，如今仍然存在于信徒之中，活在信徒心中。这些年代久远、颜色暗淡的碎骨片无论是真是假，看起来都毫不起眼。配有奢华装饰的圣骨匣，在黄金和其他珍贵材料的映衬下，弥补了圣物外表的不足，显示出这些物件实际上有多么重要，也暗示着圣人高度的纯洁性。认为遗骨为真的人对黄金的这种功能确实理解得十分清楚。埃希特纳赫的西奥弗里德（Thiofrid of Echternach）指出，通过使用黄金容器，可以防止人们对圣人遗骨产生"惊骇的"反应。[①]不论遗骨看起来是什么样子，人们都应该认为圣人的身体光华四射。这种特殊的黄金身份也会在绘画中呈现出来，借助的则是光环、悬浮在头上的王冠或耀眼的黄金长袍。

这种代表圣人的"言说"或"形象"的圣骨匣，以更为完整的形式表现了残留碎片所属的身体。因此，一片头盖骨有可能放置在贵金属打造的真人大小的头颅上，就像大英博物馆的圣伊斯塔斯头颅圣骨匣。一件普通的遗物可能被置于更奢华的包装中，例如圣帕特里克那外形素朴的钟，就存放在金丝精制的钟形神龛里，神龛表面用细金线焊出了非常漂亮的图案。艺

---

① 《埃西特纳赫的Thiofrid》（"Thiofrid of Echternach"）,《闪耀的至圣所》（"Flares epytaphii sanctorum"），引自玛蒂娜·巴尼奥利（quoted in Martina Bagnoli）,《天堂的材料：中世纪盛骨匣的材质和工艺》(*The Stuff of Heaven: Materials and Craftsmanship in Medieval Relquaries*),《天堂的宝藏：中世纪欧洲的圣徒、遗迹和信仰》(*Treasures of Heaven: Saints, Relics and Devotion in Medieval Europe*). 玛蒂娜·巴尼奥利 (Martina Bagnoli) 编辑. London, 2011, pp.137—147 (p.137).

凡尔登的尼古拉斯（约1150—1205年）1181年开始制作的"三圣神龛"。所用的材料包括黄金、搪瓷、宝石、浮雕宝石、古董珠宝。

术史学家辛西娅·哈恩（Cynthia Hahn）这样描述圣尤斯塔斯的头颅圣骨盒："犹如一个人看见……人像散发光辉，带来一种令人眩惑不同凡响的感官体验。"① 这样的描述也可以应用到其他许多情形中。

用黄金制造的最著名的基督教圣骨匣存放在孔克的圣福瓦用黄金制造的最著名的基督教圣骨匣存放在孔克的圣福瓦教堂。。圣福瓦圣骨匣是一尊9世纪打造的雕像，近90厘米（3英尺）高。这尊坐式雕像充满威严，在无数颗宝石的装饰下，安放着一颗古老的头颅，它代表的可能是罗马帝国后期一位帝王，面具状的脸上毫无表情，眼睛圆睁令人感到不安。在这座中世纪教堂里，在闪烁的烛光中，雕像的表面熠熠生辉，似乎有了生命。在11世纪，昂热的贝尔纳（Bernard of Angers）描述了圣福瓦的神奇故事，起初他对雕像的身份提出了质疑，将之与接受向木星或火星献祭的异教神像进行对比。最后他得出结论说，"这圣像不是代表需要祭品的神，而是纪念一位殉道者"。之后他又集中叙述了这位圣人所做的许多奇事。

我们是否应该认为贝尔纳这样改变看法完全不合理？不论这雕像是否"需要"祭品，它周围都汇集了无数旨在感谢神迹的还愿供品。实际上，作为受人膜拜的神像，这尊雕像有时会惩罚未献祭品的人。当然，对信徒而言，神或半神与无生命的偶像之间的差异不总是那么明显。在16世纪宗教改革运动期间，这种混淆会导致猛烈的批评，有时是实际的破坏行为。当时人们既担忧崇拜者可能崇拜物质实物，也担忧天主教教堂拥有过量的财富，这种财富也体现为昂贵的装饰物。人们担心对黄金

---

① 辛西娅·哈恩（Cynthia Hahn），《灵恩团体的景象：赞助人、艺术家和人体圣骨匣》（"The Spectacle of the Charismatic Body: Patrons, Artists, and Body-part Reliquaries"）.《财富》（Treasures）. 巴尼奥利（Bagnoli）编辑，p.170.

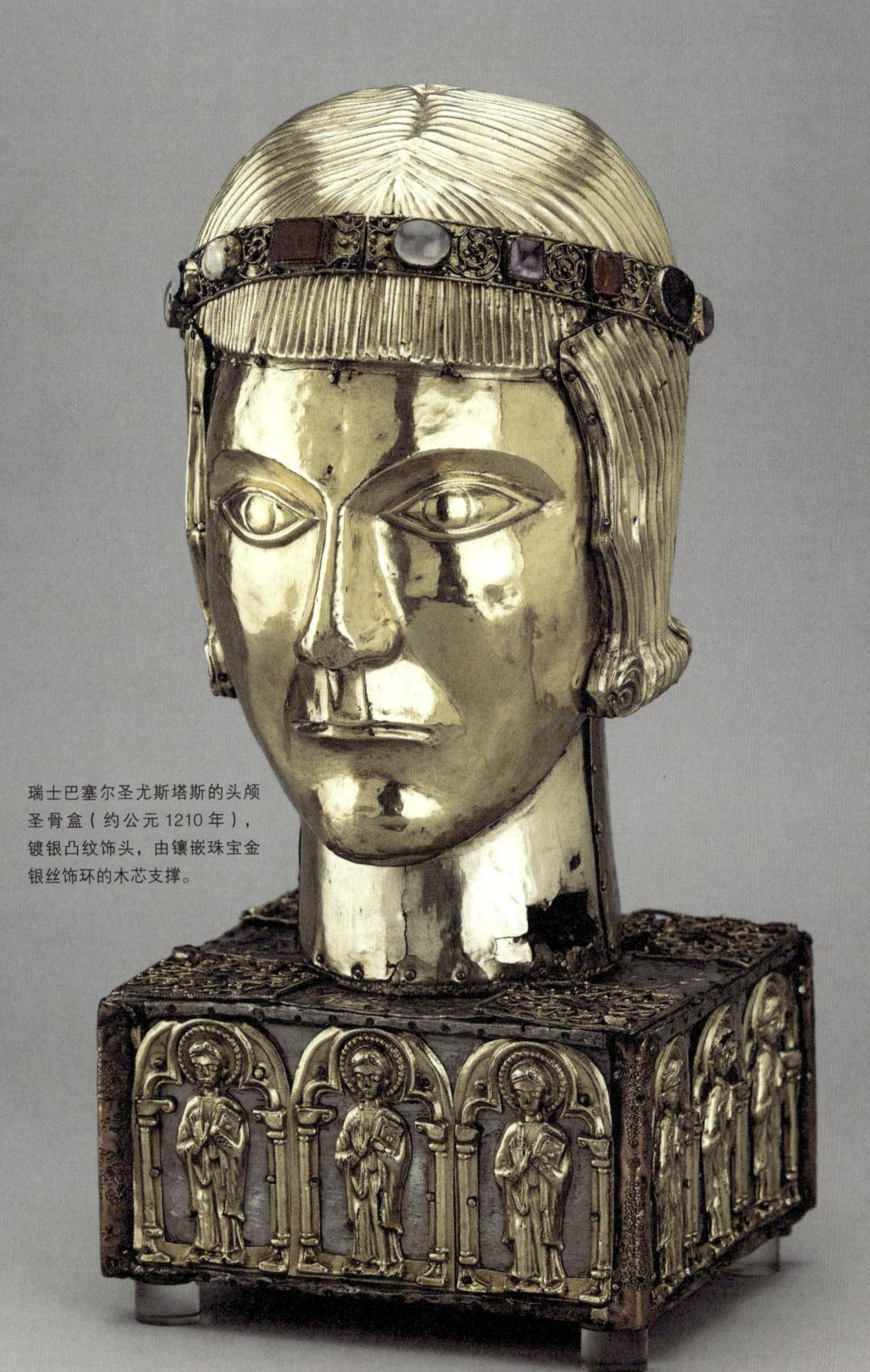

瑞士巴塞尔圣尤斯塔斯的头颅圣骨盒（约公元1210年），镀银凸纹饰头，由镶嵌珠宝金银丝饰环的木芯支撑。

制品的崇拜会胜过黄金的经济价值,这种担忧并不是在16世纪突然出现的,在中世纪的一些器物上就发现了这样的铭文。在米兰的圣安布雷佐教堂(Ambrogio),一座黄金祭坛背面的铭文告诫我们,"祭坛里盛放的圣骨,赋予它比黄金更加宝贵的宝藏。"① 同样,*Opus Caroli* 的作者西奥多尔夫委托出版的《圣经》献词指出,这本书封面上的"宝石、黄金和紫色条纹"闪耀着光芒,但书的内在光芒甚至更强……为之带来辉煌的荣耀。② 在丹麦有一座镀金圣坛,正面刻着这样的话:"这件作品之所以具有荣光,不仅因为你看到的金色光芒,而在于它所传递的有关神圣历史的知识。的确,它展现出基督的奇异经历,而基督的荣耀位于黄金的价值之上。"③ 显然,这里所说的黄金具有物质上的价值,因此神的荣耀完全超越物质价值这一事实就更令人称奇。

毕马兰(Bimaran)圣骨匣是世上最古老最令人震撼的黄金圣骨匣之一,它是在阿富汗发现的早期佛教圣骨匣。匣子上装饰着工艺精良的凸纹雕饰,佛像两边是印度神灵梵天(Brahmā)和帝释天(Sakra),各占一个尖拱壁龛。这个圣骨匣让人想到塞西亚的金匠工艺,但它的风格却是希腊式的,也就是古典主义时期以后、公元前5世纪兴起的希腊风格。该圣骨匣究竟属于哪个时代尚无定论,但有证据显示,它大约是在基督诞生时

---

① 埃里克·朱诺(Erik Thuno).《米兰圣安布雷佐的黄金圣坛》("The Golden Altar of Sant' Ambrogio in Milan").《装饰上帝的餐桌:中世纪意象和圣坛之间的动力学》(*Decorating the Lord's Table: On the Dynamics Between Image and Altar in the Middle Ages*).苏林·卡斯珀森和埃里克·朱诺(Soren Kaspersen and Erik Thuno)编.Copenhagen, 2006, pp.63—78, 67.

② 同上,p.70.

③ 同上.

圣帕特里克钟神龛（1091—1103），修建目的是为了保存原本放在圣帕特里克坟墓中的钟，青铜制造，外加金、银和其他宝石。

公元 9 世纪的圣福瓦圣骨匣，配有哥特风格装饰，由镀银、铜、搪瓷、水晶、宝石、贝雕和木芯制成。

制作的。这种说法如果正确，那么该圣骨匣可能是现存最早的佛教艺术品，比所有表征基督教的形象都更早。这一点很重要，因为人们有时认为，佛教艺术的创造模仿了早期基督教艺术的形式。

除了毕马兰圣骨匣这类小型圣骨匣以外，佛教寺庙的舍利塔也可被视为圣骨匣。舍利塔通常是寺庙群里的一座大塔，形如小丘、灯泡或大钟，顶部常为尖顶，其功能是存放佛陀或僧侣的遗骨。东亚和东南亚的人们常给舍利塔镀金。在古代中国，尽管青铜和玉总体来说比黄金更受人珍视，但佛教的传入似乎打开了一扇门，让人们可以用一种新的观念看待黄金，赋予这种物质特殊的含义。正是在唐朝（公元618—907），随着佛教在中国的影响力达到巅峰，中国的黄金加工业也开始兴盛。有一个关于佛教如何传入中国的传说，直接影响了黄金的地位。传说中，东汉明帝（公元1世纪在位）在梦中看到了一尊巨大的金色神像，于是派人去印度寻找这种新宗教的代表者，随后很快开始修建镀金寺庙。公元6世纪的《洛阳伽蓝记》上说，在洛阳（中国的古都之一），有数千座金佛塔。这本书还描绘了很多金佛像，还有用多种黄金物品装饰的寺庙，这些装饰物包括钟、门环、钉子、罐子和碟子。据《洛阳伽蓝记》记载，这一系列绚丽的物品给达摩祖师留下了深刻印象。达摩祖师是公元5世纪从波斯抵达中国的一名僧侣，禅宗佛教的创始人。

从内到外
Inside and out

金色佛像也给到印度造访的中国人留下了深刻印象，例如7世纪的中国僧人玄奘。那些看起来是黄金的佛像其实大多数是由镀金的其他物质做成的。正如古代埃及为众神的皮肤镀金，佛教徒也为佛像镀金。这是合情理的，因为佛陀的32个标记之一就是，他的皮肤具有黄金的颜色和柔滑。人们描画的佛陀常常沐浴着四射的光芒，有时是金光。世界上最大的纯金塑像是泰国曼谷的金佛像，最初塑造于素可泰时期（公元13—14世纪）。在某个历史时期，在更典型的镀金活动出现转变时，佛像的守护者为了避免失盗把这尊佛像包裹在石膏中，后人又给石膏表面加上了油彩和彩色玻璃装饰。直到1955年，这贵重的黄金佛像才重见天日，当时人们正要把佛像迁移到别的地方，结果绳索脱落，佛像掉下来时石膏外壳碎裂，露出了里面的黄金。

与其他宗教一样，佛教与黄金之间存在着矛盾的关系。佛陀摒弃物质财富，佛教僧侣应该保持苦行的生活方式。但在佛教传说和实践中，贵金属代表精神上的价值，并为佛陀献上荣耀。佛教故事所讲述的天堂布满黄金，阿弥陀佛的天堂用黄金铺地，弥勒菩提出生在地面铺着金沙的城市里。但是佛教也规定放弃物质财富。尽管宗教教义告诉僧侣不要使用金钵盂，但这类钵盂通常是为高级别的僧侣制作的至高无上的礼物。[①] 批评家没有忽视这种显而易见的矛盾。[②] 公元9世纪发生了一场镇压佛教的运动，此后中国的佛教传播再未恢复到鼎盛期的状态。当时武宗皇帝禁止僧侣在塑造佛像时使用黄金（或其他贵金属），并不是因为他认同禁欲主义的理想，而是因为他相信，财富向寺庙聚积时会耗尽货币供应。他宣布，黏土和木材"足以表达尊敬"。他甚至命令将镀金从佛像上剥离，上交给他。[③] 2014年，泰国国王为印度比哈尔摩诃菩提寺的圆顶捐赠了镀金。具有讽刺意味的是，该寺庙纪念的场所据说是佛陀摒弃物质财富的地方。

在一个名为"熔化虚空：心灵的模具（1998）"的项目中，泰国现代艺术家蒙天·波玛（Montien Boonma）谈到给佛像镀

[①] John Kieschnick.《佛教对中国物质文化的影响》（*The Impact of Buddhism on Chinese Material Culture*）. Princeton，NJ，2003，p.108.

[②] 同上，p.12.

[③] 埃里克·罗伯特·莱茵德斯（Eric Robert Reinders）.《佛教礼仪的遵守和争论》（*Buddhist Rituals of Obeisance and the Contestation*）.University of California at Santa Barbara (1997)，p. 65.

犍陀罗国（现今阿富汗境内）毕马兰2号佛塔内的毕马兰圣骨匣，以石榴石装饰的圆柱形黄金圣骨容器，公元1世纪。

蒙天·波玛(Montien Boonma)的作品,"熔化的空间：心灵模具"(1998),用石膏、金箔和中药草制作。

油画《米达斯在帕克托罗斯河洗去咒语》,尼古拉斯·普桑(Nicolas Poussin),1624。

金的想法，邀请观众参与一种更加私人化的体验。他制造出塑像的模具，不过不是塑像本身，而是它们的背面，塑像将在这些磨具中制造出来，他邀请参观者步入模具内部，将之视为获得庇护和静观的场所。他在塑像内部而不是外面敷上金箔，还有草药和朱砂。这种不可见性体现出的逻辑，正如"为佛像背部镀金"的谦逊精神，寻求的并不是社会的赞许。从某种意义上看，他让参观者置身于佛陀心灵之中，周围是显示敬意的黄金，却不会与之发生接触，这黑暗的空间呈现的是短暂性而非永久性。[1]

下页图：泰国曼谷素可泰时期的金佛，公元13—14世纪。

---

[1] 波夏·南达（Apinan Poshyananda）.《蒙天·波玛：心灵的圣殿》（*Montien Boonma: Temple of the Mind*）.New York，2003，p.35.

GOLDEN BUDDHA

Gold as Money
III 黄金货币

位于今天土耳其西部的吕底亚（Lydia）曾有一位富可敌国的国王，名叫克罗伊斯（Croesus），这个名字在希腊作家希罗多德笔下获得了恒久的生命，最著名的说法就是"富如克罗伊斯"。在克罗伊斯离世一百年后，希罗多德撰写了《历史》一书，详细记录了这位国王的财富状况，以此说明金钱买不来幸福这一古训。这位历史学家描述了吕底亚人献给特尔斐的神示所的丰厚礼物，例如一头重达10塔兰特（超过227千克/500磅）的纯金狮子，还描写了克罗伊斯王与雅典哲学家梭伦（Solon）的一次会面。克罗伊斯询问梭伦，谁是最幸福的人，他原本期待听到自己的名字，然而令他吃惊的是，梭伦提到了一位已故的名不见经传的雅典人。梭伦解释说，人在去世之前是不会真正幸福的，因为总有可能出现降临到他头上的不幸。事实上，希罗多德想告诉读者的就是，不幸恰恰降临到了克罗伊斯身上，他先是在一次狩猎事故中失去了儿子和继承人，接着又目睹了他的帝国被波斯人毁掉。希罗多德并不是第一个毁谤他们富有邻居的希腊人。公元前7世纪，阿尔奇洛克斯（Archilochus）描写了克罗伊斯王的祖先古各斯王（Gyges），

"古各斯的黄金器件以及他的财富与我无关……这样的东西对我毫无吸引力。"

这可能是吃不到葡萄说葡萄酸。黄金在大多数希腊城邦都是稀缺品，但流过吕底亚的是帕克托罗斯河，传说中的米达斯国王就是在这里洗去了点物成金的法术，他留下了大量的黄金，在岸边随手就能捡到。吕底亚从几个爱奥尼亚希腊城邦那里接收贡品，又征服了其他城邦。公元前546年，克罗伊斯王败于波斯的塞勒斯，将波斯帝国带到了希腊的正门，这意味着吕底亚的财富传奇不但未能挽救它的失败，而且无法让希腊城邦免受共同敌人的侵扰。但是对我们来说，克罗伊斯王是第一个创造金银货币复本位制的人，就连希罗多德都乐于给予他这一荣誉。

这些并不是最早的钱币，克罗伊斯在吕底亚的先辈们已经发行了由金银合金铸造的钱币，这种合金来自天然形成的银金矿，吕底亚人在合金中加入更多的银，以此保证合金中的银含量保持一定的比例。在中国的周朝，人们从公元前900年左右开始制造玛瑙贝壳的青铜仿制品，不过这些青铜贝壳是否算作"钱币"，现在仍有争议。在商业中使用黄金的做法当然比这更早，至少可以追溯到20个世纪以前。哈佛－康奈尔的萨迪斯考古队对克罗伊斯都城进行了持续的挖掘工作，获得的证据充分表明，这位命定不幸的国王，确实是历史上第一位发行标准重量标准价值的金币和银币的统治者。证据并非出自宝藏室或造币厂的遗迹，而是出自一些加工金粒和金粉的匠人作坊。自然状态下的黄金常常与石英、白银和铜相伴相生，匠人们需要把黄金与这些物质分离开来。克罗伊斯王的金匠们是最早能

尼古劳斯·克努普费尔（Nikolaus Knüpfer）板面油画《梭伦在克罗伊斯王面前》，约公元 1650—1652 年。

分离金属的，也是最早有能力制造纯金和纯银钱币的。①

我们有必要记住，金币不是货币概念的开始和终结。事实上，金币在人类文明史和贸易史上实在是微不足道的一个环节。基础经济学告诉我们，无论何种形式的货币，充当的都是交换的媒介，是表现价格和债务的基本单位。在金币出现之前就存在着其他交易媒介，任何物品都有可能成为交易媒介，只要双方都认可其价值。奶牛和谷物是食物的来源，因此具有内在价值，在早期文明中颇受欢迎。但是用于基本货币的物品不需要具有内在的物质价值，历史上使用最广泛的货币是玛瑙贝壳，它不像奶牛那样具有明显的实际用途。当然，现代货币的价值要远远超过制造货币的金属的价值。最后要说的是，我们可以把某种材料当作衡量价值的手段，却不必使用它进行实际的交换。在公元前2000年左右的埃及，如果一方想买卖牛，另一方想买卖谷物，为了保证公平交易，双方会确定每件商品用白银或黄铜衡量后得出的价值，却不会用白银或黄铜进行交换。《伊利亚特》中希腊武士狄俄墨得斯（Diomedes）和利西亚武士格劳库斯（Glaukos）在战场上相遇，却发现他们的祖父曾是好友，于是同意交换盔甲来代替生死厮杀。但是宙斯"偷走了与狄俄墨得斯进行交换的格劳库斯的智慧……黄金盔甲换成青铜盔甲，一百头牛的价值换回九头牛的价值"②（不过格劳库斯在这笔交易中或许赚到了，因为金盔甲太重，在战场上无法穿戴）。

---

① 安德鲁·拉梅奇，保罗·克拉多克（Andrew Ramage and Paul Craddock）.《克罗伊斯王的黄金：萨迪斯挖掘和黄金的精炼史》（*King Croesus' Gold:Excavations at Sardis and the History of Gold Refining*）.Cambridge，MA，2000.

② 荷马（Homer）《伊利亚特》（*The Iliad*）.里奇蒙·拉蒂摩尔（Richmond Lattimore）译.Chicago，IL，1951，6.234—236.

这种做法并没有在货币出现后消失。在公元12世纪早期的威尔士传说《库尔威奇和奥尔温》（*Culbwcb and Olwen*）中，匿名作者提到一位穿着讲究的青年，"从膝盖到脚尖，从马镫到鞋子，上面镶着价值300头牛的黄金"，这意味着一种价值储存和交换的类似方式。

硬币代表什么样的经济革新呢？硬币与玛瑙贝壳一样，比牛更方便携带。有了硬币，黄金这样的金属在贸易中就更容易使用，它们标准化的形状和重量标示着设定的数值。在硬币出现前，黄金可以用于贸易，但收款人必须给黄金称重才能确认它的价值，或许还必须知道如何检测黄金准确的含金量。发行硬币的政府铸造带有标准标记、标准形状的硬币，并由此声明，具有这种尺寸、形状和标记的一块金属具有一定数额的价值。克罗伊斯王的标准形状就是隆起的八字形，标准印记是一头狮子。另一种涉及的因素就是信任，因为接受硬币就意味着接受发行硬币的政府的承诺。

古老的金币
Ancient gold coins

货币发行与国家建设紧密地联系在一起，这是有道理的。古代地中海地区的一个例子可以很好地说明这一点。亚历山大大帝（Alexander the Great）在公元前323年去世后出现了动乱，他的一位将军托勒密（Ptolemy）决定加强对埃及在军事上和政治上的统治。政治统治的关键一步是，他决定把币制引入埃及，埃及这片土地历来拥有极为丰富的黄金制品和使用黄金的传统，却从未拥有自己的货币。通过造币，托勒密可以实现一种新型的尼罗河谷政治一体化，并以他在亚历山大的王宫为象征性的政治中心。托勒密把前任亚历山大的头像印在钱币上，以此巩固他在埃及的统治者地位。这也是革命性的一步，因为在此之前的一些硬币上也会印有某个人的头像，但这些硬币并非用于日常流通。这表明，处于政府保护下的日常经济交易与这位著名的皇帝之间建立起了象征性的关联。公元前306年，托勒密自立为王，并发行了刻有在世统治者的肖像的第一批硬币，硬币上的肖像当然是他本人。[1]

硬币只有在使用中才能发挥货币的职能。托勒密禁止在埃及使用外国货币，以此确保他的货币可以流通。根据法律规定，任何带入埃及的外国硬币，都必须兑换成托勒密的硬币并熔化制成新币。这项规定颁布以前，世界各地的通行惯例就是，硬币可以通过贸易网络在任何地方使用。硬币的价值更多地取决于硬币的金属含量，而不是印在硬币上的标示价值。托勒密的法令起到了前面所说的促进国家建设的作用，而且也发挥了金融调解的功能。托勒密货币的含金量低于竞争货币的含金量，因此，每当一枚纯度更高的外国硬币兑换成一枚埃及硬币，埃及都能从中获得小利。这种做法导致了一种被称为"格雷欣法则"（Gresham's Law）的现象，具体而言就是"劣币驱逐良币"，人们通过添加普通金属降低流通货币的价值，却把纯度更高的货币藏在床垫下面。该法则以一位16世纪的英国金融家的名字命名，但更有可能因希腊剧作家阿里斯托芬（Aristophanes）而得名，他的剧作《蛙》（The Frogs）只比托勒密早100年：

---

[1] 西塔·冯·雷登（Sitta von Reden）.《埃及托勒密王朝的货币：从马其顿征服到公元前3世纪末》（Money in Ptolemaic Egypt: From the Macedonian Conquest to the End of the Third Century BC）.Cambridge，2007.

> 我将告诉你我如何看待今天这座城市
> 对待她最守法的臣民的方式:
> 碰巧悲伤比喜悦多,
> 好似我们如何对待金钱。
> 尊贵的银德拉克马,年代久远
> 让我们甚是自豪,金德拉克马,
> 听来真实可靠的硬币,图案清晰,重量适当,
> 全世界已停止流通。
> 相反,雅典购物者的钱包
> 装满仿造的镀银铜钱。①

罗马是继希腊之后地中海的下一个主要强国,它接受了希腊文化的很多成分,却在公元前300年左右才接受其货币制度。罗马共和国主要使用青铜或白银,只在危机时期才发行金币,例如公元前3世纪后期第二次布匿战争期间。直到尤利乌斯·恺撒(Julius Caesar)统治时期,罗马成了一个帝国,才开始铸造金币。恺撒满怀热情地支持铸造金币,到了公元2世纪下半叶,60%以上的罗马货币都是黄金做的。

每个黄金时代都必有终结。到公元3世纪,罗马的货币体系发生了崩溃,其原因现在仍然是争论的主题。部分原因或许是金矿和银矿几乎彻底倒闭,抑制通货膨胀措施几乎完全失效,货币成色降低,到克劳狄二世(Claudius Gothicus,公元268—270年在位)时期,货币几乎不含贵金属。君士坦丁(Constantine)

---

① 阿里斯托芬(Aristophanes).《蛙》(The Frogs).大卫·巴雷特(David Barrett)英译.New York,1964,pp.19—24.

公元前 6 世纪吕底亚克罗伊斯王的金币。

在公元 312 年登基后，用苏勒德斯货币（solidus）取代成色低的奥里斯货币（aureus），苏勒德斯在此后的一千年里一直是拜占庭和欧洲货币的标准。直到今天，它还以不同形式影响着我们，最值得一提的是法语单词"solde"和英语单词"soldier"，前者可以表达不同含义，包括工资、债务或销售，后者的词源可以追溯到用来支付雇佣兵薪水的这种罗马钱币。①

公元前 227—公元前 276 年印有埃及王国托勒密一世头像的金币。

① 《希腊人和罗马人的货币体系》（The Monetary Systems of the Greeks and Romans）. 哈里斯（W.V.Harris）编辑 .Oxford, 2008.

公元 326 年印有君士坦丁一世头像的金币，背面是一颗星星，位于两个相互交错的花环的上方。

中国的黄金与货币
Gold in China vs.Chinese Money

中国呈现给世界各国的是一个有趣的范例。古代中国是超级富有的国度，却没有把黄金作为经济体系的核心。中国的确拥有大量黄金，司马迁在公元前1世纪撰写的《史记》告诉我们，到公元前123年，汉武帝给凯旋的士兵分发了超过4.25万千克（150万盎司）的黄金，实际上已经掏空了皇家国库。[①] 历史学家班固在《前汉书》中写道，公元23年，篡夺皇位的王莽管辖的国库大约储存了14.175万千克（500万盎司）黄金。西班牙在1503—1660年间从美洲进口的黄金约为600万盎司。[②]

王莽令我们格外关注，主要是因为他发行了金币，至少是尝试着发行金币，打破了中国数百年来的货币传统。在中国史的早期，独立的诸侯国各自制造自己的货币，从青铜仿制贝到刀状或斧头状的原始硬币。只有楚国制造过金币状的物品——黄金仿制贝和印有铸造城市名称的小金盘子。秦始皇在公元前221年统一中国后废除了所有地方性货币，只推行青铜制造的方孔圆形硬币，其名称可能出自泰米尔语中表示铸币的词：*kāsu*。

王莽曾掌管汉朝（这里所指汉朝应为西汉，公元前202—公元8年11月——编者注）最后一位皇帝的国库，当时他决定完成托勒密在数千英里之外的埃及所做的事。他要求把国内所

---

① 引自荷马·达布斯（Homer Dubs）.《中国古代黄金储备》（"An Ancient Chinese Stock of Gold"）.《经济史》（*Journal of Economic History*），XX/I (May 1942)，pp. 36—39.
② 班固.《汉书》.荷马·达布斯（Homer Dubs）英译本，第三卷 (Baltimore, MD, 1955)，第99章，p.458.

公元 7 世纪汉朝官员王莽的错金刀币。

有的黄金都上交皇宫换成铜币。他掌权之后随即接管国库，停止使用这些铜币，给人们留下的货币价值大约只是以前黄金的 1%，接着发行了将近 30 种不同面额的硬币，其中一种是镀金刀状硬币。他试图让整个帝国的每个人都使用这些硬币，以此取代"现金"硬币，但却遭到了惨败。不同面额和形状的硬币让人感到困惑，由于人们对钱币不熟悉，货币伪造者很容易制造出假币。王莽顽固地坚持他的计划，下令任何反对新货币体系的人都"将被发配到边疆"同恶魔斗争，但是在金融体系即将坍塌时，王莽最终放弃了他的计划。①

王莽的金币计划没有成功，并不意味着中国人不重视黄金

---

① 荷马·达布斯（Homer Dubs）.《王莽和他的经济改革》（"Wang Mang and His Economic Reforms"）.《通报》（*T'oung Pao*）系列二，XXXV/4 (1940), pp. 219—265.

的价值。富有的地主和贵族占有黄金，把黄金用于大规模交易，举例来说，王莽未来皇后的嫁妆是1.21万千克（42.6万盎司）黄金。① 公元7世纪的作家颜师古写道："在古代，黄金以斤和两计算重量，并铸成官方规定的形状，例如刻着好运字样的金锭。"② 黄金充当了财富的衡量物，不过表现形式并非用于购物的硬币，而是按照重量估价并印有相应价值的金锭。公元前87年左右的吕氏皇家陵墓中有二十个大金锭，每个金锭的价值相当于一个普通劳动者五年半的收入。③

中国也在对外贸易中使用黄金。在汉朝早期，中国派遣在皇宫服务的宦官乘船前往东南亚国家的港口，用黄金和丝绸换取"闪亮的珍珠、不透明的玻璃、宝石和奇怪的物品"。④ 事实上，中国在同周边国家的贸易中流失了大量黄金，因此在公元713年，黄金和铁的出口受到了国家的禁止。在接下来的几个世纪里，关于谁能拥有并使用黄金的规定越来越多。到1340年，一位穆斯林非神职人员惊讶地发现，在中国市场购买东西不可能使用金币。中国长时间以来一直要求使用纸币，因此，准买家必须把黄金兑换成纸币。这项要求不但禁止了黄金外流，也能保证黄金流入中国国库。⑤

---

① 班固.《汉书》. 第三卷，第99章，p.437.

② 引自李约瑟，鲁桂珍（Joseph Needham and Lu Gwei-Djen）.《中国科学与文明》（Science and Civilisation in China）.Cambridge，1974，vol.v，part 2，p.259.

③ 纽约华美协进社中国美术馆（China Institute Gallery, New York）.《准备来世：山东璀璨的艺术品》（Providing for the Afterlife: 'Brilliant Artifacts' from Shandong）. 展览目录（2005）.

④ 班固.《前汉书》. 引自罗伯特·威克斯（Robert Wicks）《东南亚早期的货币、市场和贸易：公元1400年本土货币体系的发展》（Ithaca, NY,1992），p.22.

⑤ 威克斯（Wicks）.《东南亚早期的货币、市场和贸易》（Money, Markets, and Trade in Early Southeast Asia），p.25.

金本位
Gold Standard

19世纪之前，最接近世界范围的本位货币的币种是白银，而不是黄金。但是真正衡量价值的是银这种金属本身，而不是货币单位。正是因为货币中含有银，一个国家的银币才可以在另一个国家使用，银币可以通行全世界。在18世纪的东亚贸易中最常使用的不是中国的货币，而是墨西哥银比索。

这并不是说，在金本位出现以前不存在重要的金币。我们前面讨论过欧洲城邦的建设，在中世纪，欧洲城邦开始铸造自己的货币。1252年，佛罗伦萨开始铸造弗罗林（florin），弗罗林迅速成为欧洲的金本位货币。1266年，法国紧随其后，铸造了第一枚法国金币埃居（écu）。1284年，威尼斯用弗罗林做模型铸造自己的金币达克特（ducat）。此时，在势力范围扩张至全球的西班牙帝国，最普通的货币仍是西班牙银元，这种硬币价值8个西班牙雷亚尔，因此又称"八雷亚尔币"，在私人商店流行。但是西班牙还发行了将近三百年的黄金埃斯库多（escudo），其价值为银元价值的两倍，"皮斯托尔"（pistole）或"两埃斯库多"曾在世界贸易中通行。

在整个19世纪，大多数国家都采用金本位制，也就是将本国货币同一定量的黄金绑定在一起。法令对货币面值做出规定，譬如1法郎相当于x盎司黄金，1美元相当于y盎司黄金，等等。各国采用这项制度的原因各不相同。英国这样做是因为它在18世纪早期就在某种程度上遵循金本位制，当时艾萨克·牛顿（Isaac Newton）是皇家铸币厂的主管官员，他制定了推动白银退出流通领域的有效政策。1894年到1895年的第一次中日战争后，迅速成为世界强国的日本期望依靠黄金促进商业和军事发展。

转向金本位将使日元贬值，有可能促进出口，增加工业的对外投资；如果同俄罗斯发生冲突，转向金本位会让日本更容易借到国际货币，为战争设立储备基金，而日俄冲突果然未过十年就发生了。迫在眉睫的战争也促使俄罗斯转向金本位制，因为日俄两国都对朝鲜和满洲有殖民野心，并且都相信金本位制更容易为军事和工业发展提供资金。①

在理论上，世界范围内一切都会获得平衡，如果一国的进口大于出口，黄金就会从该国流出，引起本国价格下跌，让制造商和商人更容易把货物销到国外，而这又意味着将有更多的黄金流入。正如经济史学家史蒂文·布赖恩（Steven Bryan）所说，"根据英国的理论可以想象出这样一个世界，在那里，

1252—1303 年的弗罗林金币。

---

① 史蒂文·布莱恩（Steven Bryan），《20世纪初的金本位制：崛起的大国，全球货币和帝国时代》（*The Gold Standard at the Turn of the Twentieth Century: Rising Powers, Global Money, and the Age of Age of Empire*）.New York，2010.

中央银行和国库可以无所事事地旁观，黄金自由地流入流出一个国家，造成通货膨胀或通货紧缩，填满央行的金库，或是脱离金融恐慌。

但是与大多数情况一样，理论和实践总有很大差异。世界范围内的经济平衡影响到公民个体时，通常无法让人感受到它的微妙之处。一个国家的小麦歉收造成了经济损失和萧条，另一个国家的小麦丰收带来了经济繁荣，两者相抵可能会让经济学家看到世界经济的平衡，却无法完全让破产的小麦农场主重塑信心。人们期望，央行能让货币标准最终通过"自主力量"使一切神奇地恢复正常。当然，通过提高利率或降低利率，银行可以缓解小麦减产这类事件造成的冲击，通过高抬利率，银行可以防止国外借款人把国内的黄金带走，1873年世界金融危机期间英国银行就采取了这样的措施。

一个国家转向金本位时往往会引起争议。在美国，《1873年铸币法案》废止银币流通，实际上就转向了金本位，人们对此争论不休。民粹主义权威人士谴责"73法案"是"犯罪"，认为回到金银复本位制将增加货币供应量，带来经济繁荣，尤其是在1893年金融危机让美国经济陷入严重萧条之后。1896年，威廉·詹宁斯·布莱恩（William Jennings Bryan）在民主党从三位总统竞选者中提名第一候选人时提出了这个问题，他在美国民主党全国代表大会上指责说，"你不应将人类钉死在黄金十字架上。"布莱恩在选举中败给了威廉·麦金莱（William McKinley），麦金莱在1900年签署金本位法案，正式实施了金本位制。

在大多数情况下，只要人人都同意遵守同样的规则，金本位制就会起效。但是第一次世界大战改变了一切。1914年夏天

八埃斯库多硬币,1652 年的潘普洛纳钱币。

斐迪南大公（Archduke Ferdinand）遇刺后，欧洲国家经历了一系列的银行业恐慌。英国当时是世界的金融中心，其经济和黄金储备是金本位的实际支柱，由于担心卷入战火，英国的股市出现了崩溃。英国当局迅速做出反应，不惜代价采取一系列措施规避危机，包括动用原本不多的黄金储备支付债权人，发行不能兑换成黄金的纸币。为维持货币流通而发行的廉价纸币开始风行，更多的黄金进入国库的战争基金，从国外购买重要军备变得更加容易。这种应急措施有效地结束了英国七百年来的金币内部流通和短命的金本位制，虽然这一终结并非官方的正式决定。

在国际范围内，交战各国为了满足战争所需而发行更多货币，也就抛弃了金本位。即使这些国家曾想继续使用金本位，金矿开采遇到的困难和 U 型潜水艇的威胁都会阻止金本位制的运行，因为将黄金安全运往国外已不可能。各国通货膨胀肆虐，政府垮台，债台高筑。1918 年一战结束后，人们曾尝试恢复金本位制，然而却注定失败。经济史学家格林·戴维斯（Glyn Davis）重提布莱恩的著名演讲，他说，英国计划通过急剧的通货紧缩恢复金本位，这似乎是"精心策划……要将经济钉死在过时的黄金十字架上"。[1] 英国的物价继续下跌，到 1921 年底，英国失业率高达 18%。但是英国仍然重新转向黄金，尽管经济学家约翰·梅纳德·凯恩斯（John Maynard Keynes）在 1925 年警告说，"英国公众将给他们的脖子套上金轭——或许是作为一个前奏，只为在不远的将来把它永远丢掉。"[2]

---

[1] 格林·戴维斯（Glyn Davies）.《货币的历史：从古到今》（*A History of Money: From Ancient Times to the Present Day*）.Cardiff，2002，p.376.

[2] 同上，p.380.

随着经济大萧条的到来，世界最终摆脱了黄金的束缚，一些经济学家认为金本位加剧了大萧条，因为它让各国政府无法发行更多的纸币来刺激经济。美国摈弃金本位的方式把我们带回了货币在政府权力中扮演的角色，反之亦然。富兰克林·德拉诺·罗斯福（Franklin Delano Roosevelt）从记录托勒密一世和王莽皇帝的书籍中吸取教训，在1933年4月签署了第6102号行政令，规定普通公民只能持有少量黄金，例如珠宝首饰和收藏的钱币。公民必须把手中的黄金上交到美联储进行兑换，1盎司（28.4克）黄金兑换20.67美元，转年国会通过《黄金储备法案》，把黄金的价格定为每盎司35美元，为政府带来了28亿美元的意外之财。[①] 罗斯福的命令让很多人感到震惊，美国造币厂也不例外，造币厂在1933年生产了将近50万枚面额为20美元的双鹰金币。这些硬币从未流通，整批金币都在1937年回炉重铸，只给斯密森尼博物馆留下了两枚金币供后人纪念，此外或许还有少数金币散落民间。

第二次世界大战之后，世界各国领导极力避免退回到一战和二战中间的混乱状态，建立了布雷顿森林体系，创立了诸如金本位这样的概念，更准确的说法则是黄金汇兑本位制。国际货币基金组织成员国同意将它们的货币价值同美元挂钩，美国同意把美元的价值定为每盎司黄金35美元，这样就只有美元直接与黄金绑定在一起。世界贸易的增长和美国经济的发展造成了我们熟悉的一种局面——到1959年，流通中的美元超出了储备的黄金，到1971年，这种局面变得十分糟糕，于是美国总统理查德·尼克松单方面终结了布雷顿森林体系金汇兑制。[②]

[①] 同上，p.516.

[②] 同上，p.523.

路易斯·达尔林普尔（Louis Dalrymple），《适者生存》插图，1900年3月14日。"金本位"论者大胜"银本位"。

2012年芝加哥大学的全球市场研究调查显示，没有哪个经济学家建议退回到金本位制，但是相关的辩论已经白热化，而且可能会继续下去。罗恩·保罗（Ron Paul）曾任美国国会众议院议员，是2012年美国大选共和党候选人，他是美国极右派的代表，却又说服共和党决定重归昔日辉煌的金本位制。

高中历史老师亨利·利特菲尔德（Henry Littlefield）在解读文学作品时谈到了关于金本位的争论。他在1964年提出，深受喜爱的童书作者弗兰克·鲍姆（Frank Baum）在《绿野仙踪》中插入了关于金本位的寓言故事，书中的黄砖路就扮演了黄金的角色。这种说法引人关注，但很可能是错误的，因为他很可能错判了鲍姆对这个问题的看法，以误读为基础形成的观点是站不住脚的。不过这种想象仍然值得赞赏，作为经济学课堂上值得应用的思维练习，这本《绿野仙踪》在2015年被收入了大英博物馆的钱币陈列室。①

我们还要再谈一下双鹰金币。事实证明，人们在1937年熔化重铸的并不是全部的双鹰金币。罗斯福颁布的行政令引发了一个动人的故事，其曲折、变幻和涉及的国际阴谋可以与畅销书排行榜上最诡异的惊险小说相媲美。有一位名叫乔治·麦卡恩（George McCann）的性情温和的出纳员，偷出了至少二十枚本该被熔毁的硬币，他用更早期的双鹰金元替换了这些硬币，以此保持账面上的平衡。直到1944年，一枚双鹰金币出现在拍卖场上时，这起盗窃案才被人发现。弗兰克·威尔逊（Frank Wilson）牵头调查这起案件，他曾把阿尔·卡彭（Al Capone）

---

① 布兰德利·A.汉森（Bradley A. Hansen）.《寓言中的寓言：〈绿野仙踪〉里的经济学》（"The Fable of the Allegory: The Wizard of Oz in Economics"）.《经济学教育》（Journal of Economic Education），XXXIII/3 (Summer 2002), pp.254—264.

送进监狱,并破获了林德伯格婴儿绑架案。在接下来的八年里,威尔逊通过调查找到了另外八枚被窃的双鹰金币,美国特工处把查封的全部金币作为赃物收归国有,只有一枚例外。

这一枚特别的金币是埃及国王法鲁克(King Farouk)的藏品,法鲁克拒绝了放弃这枚金币的外交请求。在法鲁克1952年遭到罢免后,这枚金币曾待价而沽,但是正当人们认为美国特工处将要收回这枚金币时,金币却消失了踪影,直到数十年后才重见天日。一位名为斯蒂芬·芬顿(Stephen Fenton)的英国钱币商把它带到美国出售,但买家是特工处的秘密特工。芬顿提出起诉,要求重获这枚硬币的所有权。经过几年的诉讼后,他和美国政府同意拍卖金币,分享收益。这枚金币在2002年以750多万美元成交,此外还付给美国造币厂20美元,作为麦卡恩失窃案的赔偿。①

故事到此似乎接近了尾声,但在2001年,珠宝商以色列·斯威特(Israel Switt)的后人在一个被遗忘的保险箱里又发现了十枚双鹰金币,当年乔治·麦卡恩偷出来的金币正是卖给或送给了以色列·斯威特。他们把这些金币送到费城造币厂鉴定真伪,却被政府以赃物的名义查封。一家人提起了诉讼,却在联邦法院败诉。迄今为止尚未出现更多的1933版双鹰金币,然而没有人知道未来会怎样。②

---

① 大卫·特里普(David Tripp).《非法清偿:黄金、贪婪和1933双鹰金币之谜》(*Illegal Tender: Gold, Greed, and the Mystery of the Lost 1933Double Eagle*)(New York, 2013).
② 苏姗娜·吉姆(Susanna Kim).《法官称10枚价值8000万美元的稀有金币属于山姆大叔》("Judge Says 10 Rare Gold CoinsWorth $80 Million Belong to Uncle Sam").《ABC新闻》(在线), 6 September 2012, http://abcnews.go.com.

UNDER EXECUTIVE ORDER OF THE PRESIDENT

issued April 5, 1933

all persons are required to deliver
ON OR BEFORE MAY 1, 1933
all GOLD COIN, GOLD BULLION, AND GOLD CERTIFICATES now owned by them to a Federal Reserve Bank, branch or agency, or to any member bank of the Federal Reserve System.

POSTMASTER: PLEASE POST IN A CONSPICUOUS PLACE.—JAMES A. FARLEY, Postmaster General

Executive Order

FORBIDDING THE HOARDING OF GOLD COIN, GOLD BULLION AND GOLD CERTIFICATES.

By virtue of the authority vested in me by Section 5(b) of the Act of October 6, 1917, as amended by Section 2 of the Act of March 9, 1933, entitled "An Act to provide relief in the existing national emergency in banking, and for other purposes," in which amendatory Act Congress declared that a serious emergency exists, I, Franklin D. Roosevelt, President of the United States of America, do declare that said national emergency still continues to exist and pursuant to said section do hereby prohibit the hoarding of gold coin, gold bullion, and gold certificates within the continental United States by individuals, partnerships, associations and corporations and hereby prescribe the following regulations for carrying out the purposes of this order:

Section 1. For the purposes of this regulation, the term "hoarding" means the withdrawal and withholding of gold coin, gold bullion or gold certificates from the recognized and customary channels of trade. The term "person" means any individual, partnership, association or corporation.

Section 2. All persons are hereby required to deliver on or before May 1, 1933, to a Federal reserve bank or a branch or agency thereof or to any member bank of the Federal Reserve System all gold coin, gold bullion and gold certificates now owned by them or coming into their ownership on or before April 28, 1933, except the following:

(a) Such amounts of gold as may be required for legitimate and customary use in industry, profession or art within a reasonable time, including gold prior to refining and stocks of gold in reasonable amounts for the usual trade requirements of owners mining and refining such gold.

(b) Gold coin and gold certificates in an amount not exceeding in the aggregate $100.00 belonging to any one person; and gold coins having a recognized special value to collectors of rare and unusual coins.

(c) Gold coin and bullion earmarked or held in trust for a recognized foreign government or foreign central bank or the Bank for International Settlements.

(d) Gold coin and bullion licensed for other proper transactions (not involving hoarding) including gold coin and bullion imported for reexport or held pending action on applications for export licenses.

Section 3. Until otherwise ordered any person becoming the owner of any gold coin, gold bullion, or gold certificates after April 28, 1933, shall, within three days after receipt thereof, deliver the same in the manner prescribed in Section 2; unless such gold coin, gold bullion or gold certificates are held for any of the purposes specified in paragraphs (a), (b) or (c) of Section 2; or unless such gold coin or gold bullion is held for purposes specified in paragraph (d) of Section 2 and the person holding it is, with respect to such gold coin or bullion, a licensee or applicant for license pending action thereon.

Section 4. Upon receipt of gold coin, gold bullion or gold certificates delivered to it in accordance with Sections 2 or 3, the Federal reserve bank or member bank will pay therefor an equivalent amount of any other form of coin or currency coined or issued under the laws of the United States.

Section 5. Member banks shall deliver all gold coin, gold bullion and gold certificates owned by them (other than as exempted under the provisions of Section 2) to the Federal reserve banks of their respective districts and receive credit or payment therefor.

Section 6. The Secretary of the Treasury, out of the sum made available to the President by Section 501 of the Act of March 9, 1933, will in all proper cases pay the reasonable costs of transportation of gold coin, gold bullion or gold certificates delivered to a member bank or Federal reserve bank in accordance with Sections 2, 3, or 5 hereof, including the cost of insurance, protection, and such other incidental costs as may be necessary, upon production of satisfactory evidence of such costs. Voucher forms for this purpose may be procured from Federal reserve banks.

Section 7. In cases where the delivery of gold coin, gold bullion or gold certificates by the owners thereof within the time set forth above will involve extraordinary hardship or difficulty, the Secretary of the Treasury may, in his discretion, extend the time within which such delivery must be made. Applications for such extensions must be made in writing under oath, addressed to the Secretary of the Treasury and filed with a Federal reserve bank. Each application must state the date to which the extension is desired, the amount and location of the gold coin, gold bullion and gold certificates in respect of which such application is made and the facts showing extension to be necessary to avoid extraordinary hardship or difficulty.

Section 8. The Secretary of the Treasury is hereby authorized and empowered to issue such further regulations as he may deem necessary to carry out the purposes of this order and to issue licenses thereunder, through such officers or agencies as he may designate, including licenses permitting the Federal reserve banks and member banks of the Federal Reserve System, in return for an equivalent amount of other coin, currency or credit, to deliver, earmark or hold in trust gold coin and bullion to or for persons showing the need for the same for any of the purposes specified in paragraphs (a), (c) and (d) of Section 2 of these regulations.

Section 9. Whoever willfully violates any provision of this Executive Order or of these regulations or of any rule, regulation or license issued thereunder may be fined not more than $10,000, or, if a natural person, may be imprisoned for not more than ten years, or both; and any officer, director, or agent of any corporation who knowingly participates in any such violation may be punished by a like fine, imprisonment, or both.

This order and these regulations may be modified or revoked at any time.

FRANKLIN D ROOSEVELT

THE WHITE HOUSE
April 5, 1933.

For Further Information Consult Your Local Bank

GOLD CERTIFICATES may be identified by the words "GOLD CERTIFICATE" appearing thereon. The serial number and the Treasury seal on the face of a GOLD CERTIFICATE are printed in YELLOW. Be careful not to confuse GOLD CERTIFICATES with other issues which are redeemable in gold but which are **not** GOLD CERTIFICATES. Federal Reserve Notes and United States Notes are "redeemable in gold" but are **not** "GOLD CERTIFICATES" and are **not** required to be surrendered

Special attention is directed to the exceptions allowed under Section 2 of the Executive Order

---

CRIMINAL PENALTIES FOR VIOLATION OF EXECUTIVE ORDER
$10,000 fine or 10 years imprisonment, or both, as provided in Section 9 of the order

W. Woodin
Secretary of the Treasury.

U.S. Government Printing Office: 1933 2-16064

富兰克林·德拉诺·罗斯福于1933年签署的第6102号行政令。

Gold as a Medium of Art
IV 黄金艺术品

数千年来，专业工匠一直把黄金制成各种器件，用黄金进行装饰、敬神、象征权力，把黄金用作货币。黄金装饰可以映衬其他物品，让它们平添光泽。珠宝商用黄金衬托宝石和其他珍贵物品：在近代欧洲，珠宝商用黄金镶嵌异域珍品，例如人工制品、椰子、鸵鸟蛋，让收藏者可以按照自己的喜好重塑这些来自异国的物品。日本的金缮艺术把黄金用作修复陶器的黏合剂，以此从破碎中创造美好。为了赞美王子和神，在很多文化里，建筑物的内部和外部都会用黄金装饰。古代美索不达米亚的金匠已经开始运用一种镀金技艺，在底面刻槽以夹紧金箔。公元前4世纪左右，中国金匠发明了"火法镀金"术，利用化学方法把比金箔更薄的金片与青铜和其他金属黏合。罗马帝国的雕刻家运用同样的技术给雕像镀金。伦敦大火纪念碑是吸收罗马传统的近代范例，纪念碑顶端是镀金的青铜骨灰坛。

　　黄金一直用在服装、皮革、玻璃和书页上。正如我们所看到的，抄写员和书稿装饰者用黄金制作墨水，书写绘制高档的手抄本书籍。中国从很早就制造加金纸张。[1]纺织工人把金线

---

[1]《中国，§XIII, 20: 纸》（"China, §XIII, 20: Paper"）.《格罗夫艺术辞典》（Grove Dictionary of Art）.

制成黄金布料，用黄金为帝王缝制金缕玉衣，此外还用金线在钱包和官服上刺绣，把金线织成挂毯。把玻璃片与黄金黏合在一起制成的马赛克，可以装饰教堂和清真寺内部。玻璃容器和其他物品也可以镀金。人们从古代就开始制作黄金夹层玻璃，把一层薄薄的黄金夹在两片玻璃之间。威尼斯的玻璃工人用一片片黄金给容器镀金，甚至会在吹制玻璃前把黄金颗粒撒到熔化的玻璃上，或者在玻璃制品刚刚冷却时往上面撒金粒。在伊斯兰世界，制革工人长期以来一直在皮革上压印黄金图案；这项工艺在15世纪被波斯和北非艺术家引入意大利，此后就在欧洲流行起来，在图书装订中应用得更多。这些工艺为所装饰的物品带来荣耀，体现出物品在经济等方面的价值。黄金比它装饰的很多物品更稀缺更昂贵，这有助于说明人们为什么这样使用黄金，很多人买得起少量黄金，却买不起纯金制成的物品，所以专业工匠在数千年里一直用纯金或主要用黄金来装饰各种物品。

采用金缮修复方法，用金粉混合物黏合碎片修复的茶碗。

在不同的文化中，在不同的时期里，黄金的艺术性都具有不同的含义。在欧洲征服时期，很多故事都讲述了土著人如何用黄金兑换玻璃珠和其他西班牙人认为毫无价值的东西。一些欧洲人认为这说明美洲土著人天真纯朴，似乎无法恰当地计算黄金的价值，甚或以此证明他们理当受到低人一等的待遇。相反，一些人理想化地认为他们所目睹的是"黄金时代"，在这个时代，横扫一切摧毁一切的贪婪尚未出现。不过有个故事讲述的是发生在巴拿马的插曲。据记载，科莫格里（Comogre）酋长之子看到西班牙人熔炼土著艺人的手工制品时大声疾呼：

玻璃杯底座上的两位圣人，用玻璃加黄金制成。公元4世纪，罗马。

这是怎么回事,基督徒们?怎么可能为这么少的黄金设定那么高的价值,然而却破坏这些项链的艺术之美,把它们回炉重铸?……原始的黄金只有经过匠人之手,才能变成带给我们愉悦或为我们所用的花瓶,在此之前它的价值还不如一块黏土。①

1677年克里斯多弗·雷恩爵士(Sir Christopher Wren)设计的《伦敦大火纪念碑》(局部)。

科莫格里之子的故事或许表达了一位欧洲观察者对其他欧洲人的批评,但是更有可能体

---

① 弗朗西斯·奥古斯都·麦克纳特(Francis Augustus MacNutt). *De Orbe Novo: The Eight Decades of Perter Martyr D'Anghera*.《新黄金》(New York and London,1912), vol. I, P. 220.

黄金装饰的皮革,用于装订法里德·阿尔迪·阿塔尔(Farid al-Din Attar)《鸟语》手稿,伊朗萨法里,约1600年。

现出美洲原住民如何看待黄金的价值。原住民们珍视黄金,因为这种材料具有表达象征价值的潜能,但是只有经过技艺精湛的艺术家的加工,黄金的这一价值才能得以实现。与此不同的另外一种观点则是,黄金这种艺术生产材料是欧洲人带到美洲的。在欧洲,黄金的货币价值超越一切,或许只有最为精湛的工艺能偶尔与之相提并论。就连投入到黄金加工中的劳动和技艺本身也会受人质疑。艺术加工让黄金暂时脱离经济流通流域,然而如果黄金终将被熔化,艺术加工就有可能只是暂时的,甚至是一种浪费。有时工匠会收取比材料价值更高的费用,这似乎只是一种策略,在某种贵金属的市场价值超过法律规定的实际币值时更是如此。

  黄金既有货币价值,又有宗教和政治上的象征意义,再加上黄金可以应用于艺术加工,因此情况格外错综复杂。显然,对于科莫格里的儿子来说,在经由工匠加工之前,黄金的价值并不会高出世上其他的产品。在欧洲,黄金的经济价值已经很高,相比之下,工艺加工为黄金增添的价值通常会被忽略。当然情况并非总是如此,但是如果有哪个工匠能凭借特殊的工艺增加黄金的可见价值,那简直就是奇迹。意大利文艺复兴建筑师和作家菲拉雷特(Filarete)描写皮耶罗·德·美第奇(Piero de' Medici)收藏的古老金质

镀有金粒和已订婚男子肖像的祖母绿玻璃酒杯,15世纪后期,威尼斯。

奖章时，怀着敬畏写道，虽然没什么能比黄金更有价值，但是古代工匠"通过他们的技艺，让黄金超越自身的价值"。他们所运用的技艺"似乎来自天堂，而非由人创造"。[1] 欧洲艺术家并不是通过技艺创造黄金的价值，他们至多只能增加黄金的价值。

美洲早期的黄金工艺品
Meaning and material in early Americas

在图书装饰中，金片常被用来表现光环、边框、背景和亮部，中世纪后期的手抄本《最美时祷书》就采取了这类书的这种惯常做法。但是黄金也会用于凸显黄金本身。在著名的"一月"绘图中，黄金物品和装饰呈现出时尚的法国宫廷拥有的财富，例如盛放餐具或调味料的船形容器。对于这种闪闪发光的高级陈列品，阿尔布雷特·杜勒（Albrecht Dürer）等艺术家或许很熟悉，杜勒在15世纪后期接受过金匠培训，但是在他面对从墨西哥带到西班牙并陈列于布鲁塞尔哈普斯堡皇室的黄金物件时，这位德国艺术家的心情却难以言表：

> 我看见新发现的黄金国度呈送给国王的贡品：一个足有1英寻（相当于6英尺）宽的纯金太阳、同样大小的纯银月亮、装满两个房间的盔甲、令人称绝

---

[1] 安东尼奥·埃维里（菲拉雷特）（Antonio Averlino [Filarete]）.《建筑学论丛》（*Treatise on Architecture*）.约翰·R·斯彭切尔英译.(New Haven, CT, and London, 1965), p. 320 (1871). 引自卢克·赛森（Luke Syson）和多拉·桑顿（Dora Thornton）.《美德之物》（*Objects of Virtue*).Los Angeles, CA, 2001, p.89.

的武器、马具和飞镖、奇异的服装、床以及人们用的各种物品，这些美丽的物品与其说令人称奇，不如说让人赏心悦目。这些物品十分珍贵，价值10万弗罗林①。我有生之年还从未见过如此令人心旷神怡的珍品，因为我在它们中间看到了精美的艺术品。异国艺人巧夺天工的工艺让我感叹不已。我真的无法在此表达我的所有想法。②

被西班牙征服者毁掉的手工艺文明曾制造出精湛的艺术品，新近出土的一些文物体现出了超凡的技艺，美观雅致，它们大多是在古墓中发现的。南美洲制金业的开端比美索不达米亚地区晚数千年，但在欧洲人到来时，手工艺传统已经存在了几千年。早在公元前1500年，位于现在秘鲁中南部的人已经开始把黄金捶打成非常薄的金箔。除了这一时期的金箔残片之外，考古学家还发现了加工黄金的专用工具包。③贵金属在南美洲扮演的角色比在欧洲更重要，欧洲金属加工工艺主要将铁和铜用于工具和军事用途。但在安第斯山这种地域环境，轮子在运输中的用处不大，安第斯人在战役战术中强调用布，使用吊索和缝制的盔甲。南美洲也没有用金属铸造货币，因此金属地位的象征性多于功能性。④

---

① 1252年在意大利城市弗罗伦萨和热那亚开始铸造的金币，后来成为大多数欧洲金币的原型。
② 托马斯·斯特奇·莫尔（Thomas Sturge Moore）.《阿尔伯特·丢勒》（*Albert Durer*）. London and New York，1905，p.147.
③ 乔尔·W.格罗斯曼（Joel W. Grossman）.《一位古代金匠的工具箱：秘鲁最早期的金属技术》（"An Ancient Gold Worker's Tool Kit:The Earliest Metal Technology in Peru."）《考古学》（*Archaeology*），XXV/4 (1972)，pp.270—275.
④ 希瑟·莱希特曼（Heather Lechtman）.《安第斯价值体系和史前冶金术的发展》（"Andean Value Systems and the Development of Prehistoric Metallurgy"）.《技术与文化》（*Technology and Culture*），XXV/1 (January, 1984)，pp.1—36.

上图:秘鲁史前查文文明时期的一副金臂章,公元前7—公元前5世纪。

上页图:林堡兄弟(Limbourg Brothers,公元1399—1416年间活跃)用颜料和黄金在牛皮纸上创作的《一月:贝里公爵的宴会》中(《贝里公爵的富裕时光》一页的插图,1416。

秘鲁的大批量黄金艺术品最早出自查文（Chavín）文明。"查文"这个名字来自安第斯山北部高原的一个宗教朝圣目的地，该地的重要性可以追溯到公元前1500年。作为手工艺品的风格标签，查文指的是公元前900年到公元前200年间繁荣兴盛的形式和技术。在Chongoyape和Kuntur Wasi这两个主要的墓地遗址出土了大量技艺精良的黄金工艺品，主要是个人饰品，包括胸饰、垂饰、护喉、耳线、鼻环、头饰和缝在衣服上的饰物等，还有一些个人使用的小物件，例如黄金鼻毛钳和鼻烟勺。查文的金属工匠技艺高超，能熟练运用各种工艺，包括合金、抛光、退火、汗水焊接（把两个待连接的物体边缘加热到熔点形成黏合面）和钎焊（额外添加熔化的金属作为连接的"胶水"）。一副幅查文臂章上带有凸纹设计图案，可能是受到了纺织品的启发。图案的基调体现出查文艺术的"倒生"风格，如果把图形旋转180度，中间象征性的面孔就会呈现出另外一种形象。①

前西班牙裔美洲冶金术最显著的技术成就之一，是厄瓜多尔拉托利塔的工匠掌握的铂金工艺。这里的工匠在公元前600年到公元400年左右十分活跃。在近代以前，人们无法把火的温度提高到能熔化铂金的程度，铂金的熔点是1768℃（3214 ℉），但他们能达到黄金的熔点，也就是1064℃（1947 ℉）。拉托利塔的金属工匠利用粉末冶金法或"烧结法"把黄金同铂金结合起来，这是当时的欧洲人尚不了解的技术。

---

① 理查德·L.伯格（Richard L.Burger）.《查文：敦巴顿橡树园的安第斯艺术》（*Chavín', in Andean Art at Dumbarton Oaks*）.伊丽莎白·希尔·布恩（Elizabeth Hill Boone）编辑.Washington, DC, 1996, pp.45—86, 50, 67—70.

为了打造出可熔化的具有铂金外观的金属，工匠们制造出每种金属的细颗粒，交替锤击金属颗粒并将之一起加热，直到黄金颗粒"诱捕"铂金颗粒，最终产出一种能像黄金一样接受加工的均质合金。① 拉托利塔的工匠制造出的物品灵巧地把黄金同铂金状的合金结合起来，形成视觉对比。这项技术在西班牙征服之后几乎失传，到 19 世纪才得以复兴，成为现代粉末冶金的基础，粉末冶金工艺在很多领域得到了应用，特别是电子行业。

在秘鲁的查文文明之后，从大约公元 1 世纪到公元 8 世纪，莫切文明（Moche civilization）成为安第斯山脉的主要文明。莫切冶金术运用铜、银和金。莫切西潘（Sipán）皇家陵墓的挖掘始于 20 世纪 80 年代，陵墓中不同地位的男性和女性有不同的陪葬饰物，清晰地展现出了金属之间的象征关系。材料学家和考古学家希瑟·莱希特曼把冶金分析和文化解读结合起来，发现黄金与男性和身体的右侧联系在一起，白银同女性和身体的左侧联系在一起。举例来说，有一条由金属花生串成的莫切项链，金花生恰好在佩戴者的身体右侧，银花生在佩戴者的身体左侧。花生在当时是一种主要作物。黄铜在金属的象征体系中位列第三，通常由女人、小

---

① 安德烈·埃默里赫（André Emmerich）.《太阳的汗珠和月亮的泪珠：前哥伦布时代艺术中的黄金和白银》（*Sweat of the Sun and Tears of the Moon: Gold and Silver in Pre-Columbian Art*）.Seattle, WA, 1965. 同时参考 M. 诺格兹等《西班牙统治前制造合金的金铂"烧结"术》（'About the Pre-Hispanic Au-Pt "Sintering" Technique for Making Alloys'）.《矿物质、金属和材料学会期刊》（*Journal of the Minerals, Metals and Materials Society*），V/5 (2006), pp.38—43.

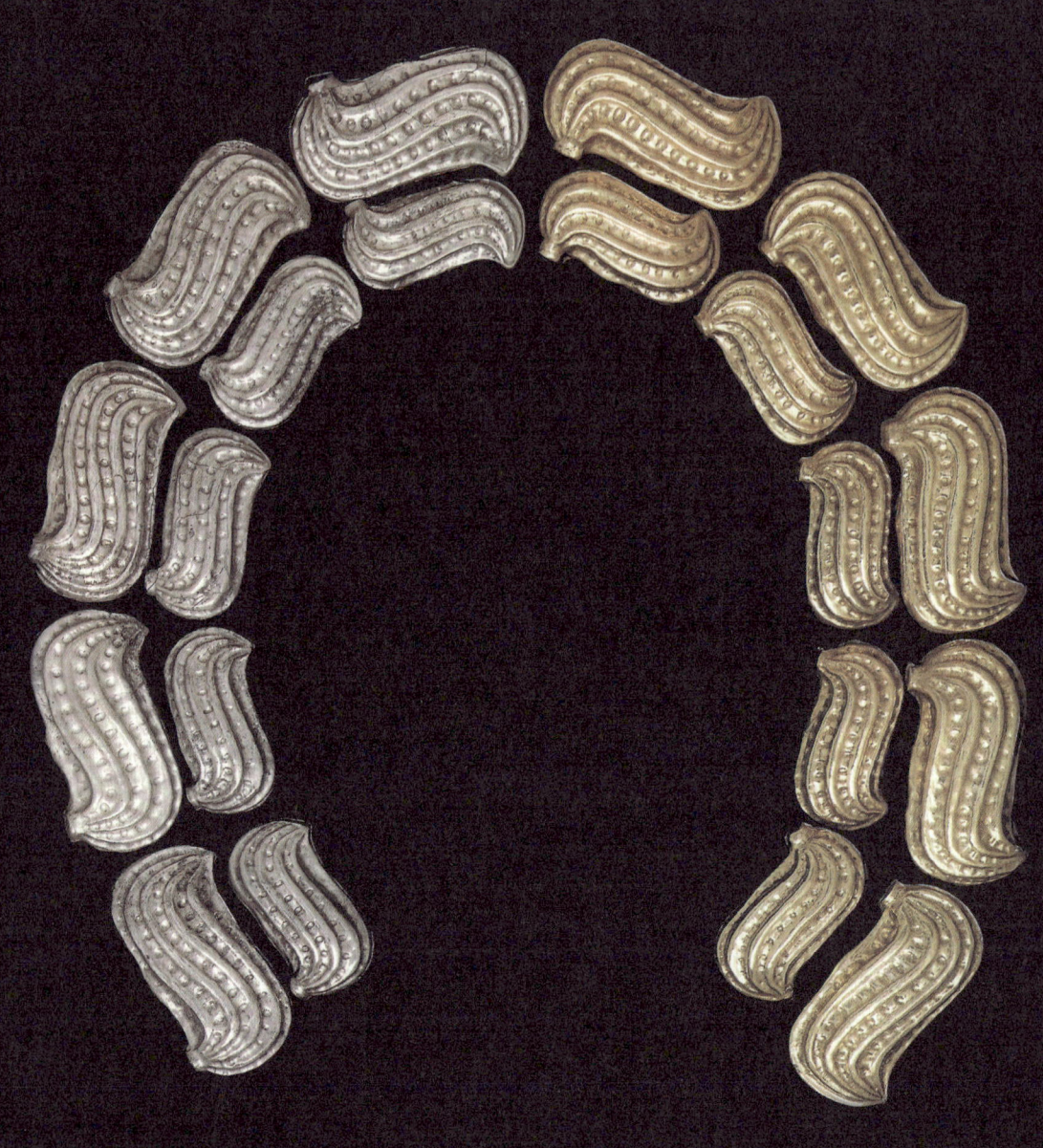

秘鲁西潘1号墓出土的莫切花生项链,约公元300年,由黄金、白银和铜制成。

孩和高级侍者佩戴。① 西班牙征服秘鲁之后收集的神话中提到，太阳把三枚鸡蛋送到地球创造人类，分别是金蛋、银蛋和铜蛋，其中金蛋代表男性贵族，银蛋代表贵族的妻子，铜蛋代表普通人。②

金、银、铜常被制成合金。花生项链中的"金"和"银"实际上都基于这三种金属的三元合金，也就是一种叫作铜金合金的材料。这些合金的熔点更低，因此比纯金属更容易加工。为了达到表面具有金黄色光泽的效果，安第斯山区的金匠们使用所谓"去镀金法"的工艺，通过化学方法去除表面的其他金属，具体而言或许是从植物汁液或不新鲜尿液中提取酸性物质去除铜，用盐或硫酸铁去除银。这样做的结果是得到带麻点的表面，然后再通过抛光让金属表面变光滑。倘若只是为了保护这种更有价值的金属并呈现金色外观，那么他们完全可以用其他金属制造物品，然后在上面镀一层薄薄的熔化黄金。恰恰相反，这个过程可能反映出，人们把黄金作为整体不可或缺的部分，从而赋予黄金特别的价值。工匠不隐藏物体内部的物质，而是改变其性状，彰显其优点。正如莱希特曼所言，"这种'技术本质'是用一个物体在视觉上可见的特点揭示内在的结构，与这种观念相关联的或许是安第斯人最基本的概念，那就是对一切物质的神圣模仿。"③

到印加文明后期，被印加帝国征服的各个区域的工匠聚

---

① 希瑟·莱希特曼（Heather Lechtman）.《印加和安第斯山冶金传统》（"The Inka, and Andean Metallurgical Tradition"）.《印加权力的不同表达》（*Variations in the Expression of Inka Power*）. 马托斯，伯格，莫里斯（R.Matos, R.Burger and C.Morris）编辑.Washington, DC, 2007, pp.314—315.

② 同上, pp.322—323.

③ 莱希特曼（Lechtman）.《安第斯人的价值体系》（*Andean Value Systems*）, p.32.

集到一起，制造了数量惊人的贵金属物品，考古学家在挖掘的废物坑里发现了大量被遗弃的金属物件。① 印加人拥有复杂的贸易网络和政治体制。与使用纳瓦特尔语的阿兹特克人不同的是，印加人没有欧洲人能识别的书面语言，但是他们用称为结绳语的打结绳子进行记录，这些绳结可能用于编码文字和数字信息。他们似乎继承了在安第斯山的先辈的做法，继续把金、银、铜一起使用。安第斯山区只有少量黄金制品在西班牙的征服中幸存下来，但是我们从同时代的记录中可以了解到，印加庙宇的墙壁上覆盖着黄金和白银，装饰着真人大小的金色雕像和其他物品。② 西班牙作者赛尔雅利昂（Pedro de Cieza de León）在17世纪的作品《秘鲁纪事》中这样描写过库斯科太阳神殿：

> 他们还有座花园，花园里的土是一块块纯金，上面种着金色玉米，玉米的秸秆、叶子和穗都是黄金做的……除此之外，他们有20多只金绵羊（可能是驼羊）和羔羊，牧羊人拿着投石器和曲柄牧羊棍看着它们，这些物品也都是黄金做的。

盖丘亚（Quechua）-西班牙编年史家华曼·波马（Felipe Guaman Poma de Ayala），是西班牙征服后出生的第一代人，他在《新世纪和好政府》中的一张库斯科地图上着重描绘了太阳神殿。艺术史学家亚当·赫林（Adam Herring）的记载是这样的：

---

① 莱希特曼（Lechtman）.《印加帝国》（The Inka），pp.319–320.
② 同上，p.313.

印加人把金光四射、闪闪发亮的黄金表面和矛状器具视为一种转喻,与那最重要的词语"阳光"一样。在整个安第斯山,一切光泽、闪光、闪烁、灿烂、亮丽的色彩,只要能造成夺目的、引人注意的视觉效果,都被视为神圣的现象。

华曼·波马《新世纪和好政府》中的库斯科地图(1615)。

秘鲁人知道如何铸造熔融金属，但是更喜欢捶打黄金并把打好的部件焊接到一起。另一方面，哥伦比亚金匠强调铸造工艺。穆伊斯卡是哥伦比亚中部的一个部落联盟，制造过很多不同尺寸的贵金属物件，作为献给他们的"tunjos"神的祭品，穆伊斯卡筏是其中之一，"黄金国"这个名字就来自它描绘的宗教仪式。牧师们告知要为特定目的制作的物品详情，并把制作好的物品放置在黏土的祭品容器里。这些手工艺品通常由金和铜的合金制成，第一眼看上去好像是用金银丝做的，是把细装饰线焊接到手工艺品上（如同圣帕特里克圣钟上的装饰板）。穆伊斯卡筏子是用"失蜡铸造"方式整体铸造的，因此有时称之为"仿金银丝"。失蜡铸造法是这样操作的，工匠们首先制作出跟成品完全相同的蜡模，然后把蜡模包在黏土模具里加热，让蜡熔化后通过被称为"铸口"的通道流出。黏土模具就可以用来铸造熔融金属。在穆伊斯卡的黄金工艺中，细线一样的部件（原本在蜡里制作）构成线状概念和装饰物。有趣的是，工匠们似乎并没有格外关注金属物体的外部处理，他们没有进行抛光，也没有去除明显的缺欠和铸造过程留下的铸口，尽管他们肯定格外注意蜡模的设计。很多哥伦比亚黄金手工艺品上也有挂件，这些挂件随着物体的移动叮当作响熠熠生辉，想必是动感十足。

黄金加工后来传播到墨西哥和中美洲的其他地区。这门工艺最有可能是由厄瓜多尔金属工匠在公元7世纪通过海路介绍到墨西哥西部的。[1] 在接下来的几个世纪里，塔拉斯克

---

[1] 多萝西·霍斯勒（Dorothy Hosler）.《墨西哥西部的冶金：重游与修订》（"West Mexican Metallurgy: Revisited and Revised"）.《史前世界》（*Journal of World Prehistory*），XXII/3 (2009)，pp.185—212.

人、玛雅人、米斯特克人和阿兹特克人都进行过某种形式的黄金加工。墨西哥南部和中美洲玛雅文化留下的黄金工艺品中,最漂亮的是在奇琴伊察的神圣深井(约公元800—1100年)发现的黄金盘,上面带有凸纹装饰,还有面部饰物,它们可能属于一尊雕塑,带有几何形状的眼睛和嘴巴、长着羽毛的蛇以及椭圆形装饰物。在西班牙征服美洲以前,玛雅人在墨西哥南部的邻居米斯特克人将失蜡铸造法发挥到了极致。阿兹特克帝国征服了米斯特克的大部分领土,西班牙人在阿兹特克帝国发现的大部分黄金,实际上是由米斯特克工匠加工的,他们使用假的金线银线追寻哥伦比亚穆伊斯卡手工艺品的风格。我们在第一章中展示的胸饰,就是阿兹特克帝国时期制作的米斯特克工艺品范例。

米斯特克和阿兹特克的黄金工艺品与印加工艺品一样,给欧洲人留下了深刻印象。我们已经读到了阿尔布雷特·杜勒对墨西哥黄金工艺品的反应。托里比奥·德·莫托里尼亚(Fray Toribio de Motolinia)看到墨西哥黄金工艺品后写道:

> 他们的技艺比西班牙金匠更精湛,他们能铸造出头部、舌头、脚和手都会动的鸟,鸟的手里还放着个玩具,似乎在与之共舞。更不可思议的是,他们铸造出了鳞片一点不少的鱼,鳞片一半是银一半是金,西班牙金匠一定会为之感到十分惊讶。[1]

---

[1] 埃默里赫(Emmerich).《太阳的汗水》(Sweat of the Sun).引自莫托里尼亚(F.T. de Benavete Motolinía).*Historia de los Indios de la Nueva España.Colección de documentos para la historia de México*, vol.I. 墨西哥城(Mexico City), 1858, vol. I, ch. xiii.

赫尔南·科尔特斯（Hernán Cortés）认同阿兹特克人的工艺水平。在写给查尔斯五世的一封信中，他提到阿兹特克人的"黄金和白银……铸造得栩栩如生，世间任何工匠都难以超越。"① 莫托里尼亚、科尔特斯和杜勒看到的大多数金银制品都已消失，实际上大部分已经按照货币价值重铸。只有少数中南美洲制品在早期的交往中被人带到欧洲，还保留在欧洲人的藏品里，其中黄金制品则更少。② 黄金的物理特性让黄金制品难以保存下来，因为黄金制品可以无数次熔化和回炉重铸，物质价值几乎不会损失。并非只有欧洲人这样看待黄金制品。加纳王国的皇家法令要求，黄金饰品的主人要在每年的甘薯节之前把饰品熔化，进行重新设计。这种做法具有政治功能，可以清除或许会引起麻烦的既往的象征意义，同时也允许国王对黄金重铸征税。同样，在欧洲，统治者经常用精美的黄金制品来解财政之急，特别是在战争状态下。据洛伦佐·吉贝尔蒂（Lorenzo Ghiberti）记载，科隆金匠大师古斯敏（Gusmin）设计的精美黄金制品无一幸免。吉贝尔蒂在他的著作《评述》中写道，古斯敏一看到他的作品被熔化就绝望地退隐了。③ 就连神圣的宗教功能都无法保护黄金制品免于熔化的命运。德国美因茨的本娜十字架在公

---

① 赫南·科尔蒂斯（Hernán Cortés）.《墨西哥征服者荷南·科尔蒂斯的派遣，致查理五世的信》(Despatches of Hernando Cortés, the Conqueror of Mexico, Addressed to the Emperor Charles V). 乔治·福松（George Folsom）编译.New York, 1843, p.10.
② 克里斯汀·F. 费斯特（Christian F. Feest）.《欧洲人收藏的美洲印第安人艺术品（1493—1750）》（"The Collecting of American Indian Artifacts in Europe, 1493—1750"）.《欧洲人意识中的美洲人》（American in European Consiousness）. 库伯曼（Karen Ordahl Kupperman）编辑.Williamsburg, VA, 1995, pp. 324—360.
③ 约翰·亨利（John Cherry）.《金匠》（Goldsmiths）.Toronto, 1992, pp. 68—69.

穆伊斯卡文明的见证,穆伊斯卡黄金筏,制作于公元600—1600年。

元983年前后用272千克(600磅)黄金铸造,在1161年全部熔化之前,先是失去了一条腿,接着又失去了一条手臂,只是为了支付两位主教的费用。①1673年,洛雷托圣母堂熔化了大部分黄金还愿物,这些物品是人们为了感谢圣母玛利亚展现的神迹送给教堂的。这些"供奉给神圣之地的无用纪

---

① 玛蒂娜·巴尼奥利(Martina Bagnoli).《天堂之物:中世纪圣骨匣中的材料和工艺》("The Stuff of Heaven: Materials and Craftmanship in Medieval Reliquaries").《天堂的宝物:中世纪欧洲的圣徒、圣物和仪式》(*Treasures of Heaven: Saints, Relics and Devotion in Medieval Europe*).玛蒂娜·巴尼奥利(Martina Bagnoli)编.London, 2011, p.138.

吉昂·克里斯托福·若曼诺（Gian Cristoforo Romano）用黄金和宝石制作的伊莎贝拉·德·埃斯特（Isabella d'Este）黄金肖像纪念章，1505年。

念物和多余的证明"被转化成了"更有价值的东西"。①

近代欧洲人对熔炼自己的黄金制品铸造货币或许并不在意,但他们熔炼在美洲发现的黄金制品时充满热情。欧洲人乐于清除美洲人的黄金制品,因为他们认为找到的很多黄金制品都是异教偶像。或许他们十分了解艺术风格与地方自治权之间的象征性联系。通过毁掉当地文化,征服者更容易维护他们的统治权。这种破坏持续了数个世纪,甚至到了19世纪中期,英格兰银行还会每年熔化价值数千镑的前哥伦比亚时期黄金工艺品。②我们很难说清,这种破坏究竟是出于对黄金制品风格挥之不去的偏见,还是仅仅因为黄金的财政价值高于一切。

欧洲的黄金技艺和价值
Skill and Value in Europe

杜勒用老练的目光审视他看到的墨西哥黄金制品。他与同时代的很多欧洲艺术家一样,最初只是被培养成一名金匠。特别是对版画复制匠来说,黄金工艺与所从事的行业的联系格外紧密,因为他们需要运用冶金术制作盘子,用刻刀在金属表面雕刻图案。不过金匠行业之所以能吸引众多有天赋的艺术家,

---

① 莱特鲍恩(R.W.Lightbown).《黄金和白银还愿物:被遗忘的艺术》("Ex-votos in Gold and Silver: A Forgotten Art"),《伯灵顿杂志》(*Burlington Magazine*), CXXI/915 (1979), pp.352—357, 359, 253. Canonico Pietro Paolo Raffaelli, *Brevissima indicatio potius quam descriptio donorum quibus alma domus olim Nazarena, nunc lauretana deiparae virginis decoratur*, in *Lauretanae historiae libri quinque*, ed. Orazio Torsellini (Venice, 1727), p. 387.

② 埃默里赫(Emmerich).《太阳的汗水》(*Sweat of the Sun*). 引自 E. G. 斯奎尔(E. G. Squier).《再谈地峡黄金的发现》("More about the Gold Discoveries of the Isthmus").《哈珀周刊》(*Harper's Weekly*), 20 August, 1859.

彼得鲁斯·克里斯图斯（Petrus Christus）1449年创作的板上油画《店中的金匠》。

是因为黄金制品受到精英们的追捧，伊莎贝拉·德·埃斯特黄金肖像纪念章就是个例子。这或许与认为黄金加工工艺可被抛弃的观点相反。无论如何，黄金工艺品设计也被视为无法长久、展现超凡技艺的过程，例如奢华的剧场演出或宴会，甚至是某种形式的夸富宴或出于炫耀的浪费活动。

金匠也是最博学的艺术家，因为他们需要钻研古代制品，并且要有广博的知识面，以便鉴别真伪。[①]卢卡·德拉·罗比亚（Luca della Robbia）、洛伦佐·吉贝尔蒂、安德烈·德尔·萨托（Andrea del Sarto）、桑德罗·波提切利（Sandro Botticelli）、菲利波·布鲁内列斯基（Filippo Brunelleschi）、多纳泰罗（Donatello）、安德烈·韦罗基奥（Andrea Verrocchio）都是文艺复兴时期较为知名的画家、雕刻家或版画复制匠，他们都以金匠学徒为职业生涯的开端。16世纪佛罗伦萨艺术家传记作者乔治奥·瓦萨里（Giorgio Vasari）在15世纪就写道："金匠和画家之间有非常紧密的联系，或者说他们的角色经常互换。"[②]在乔治奥看来，这可以说明，波提切利在给金匠当学徒工时接受过艺术设计的良好训练，因而能顺利地转向绘画领域。

欧洲中世纪后期，金匠组成了成员固定的行会，只有某位艺术大师去世或搬离，才会允许新成员加入。要成为行会的正式会员就必须创作出"杰作"，也就是能表明自己达到行会"大师"级艺术家资格的作品。每位艺术家都要向行会注册一个特殊的"商标"，在作品上加盖印章，显示作者的身份，这种做

---

① 塞森和桑顿（Syson and Thornton）.《美德的目标》（*Objects of Virtue*），pp.102—108.

② 乔尔乔·瓦萨里（Giorgio Vasari）.《最杰出的画家、雕刻家和建筑师的生活》（*The Lives of the Most Excellent Painters, Sculptors, and Architects*）.加斯顿·杜·C.德·维尔（Gaston du C.de Vere）译 .New York, 2007, p.187.

法延续至今（艺术家的遗孀或鳏夫可以接管死去丈夫或妻子的印章。女性艺术家在当时十分罕见，但是一旦凭借自己的能力成为艺术家，也就拥有了这种权力）。为了保证贵金属的质量，行会在各方面都对该行业做出了严格的规定。这并非小事，因为金银制品经常被熔化制作货币，如果掺假就很有可能造成过高的估价。一些城市也限定了金匠的活动。例如，在15世纪的纽伦堡，金匠未经官方许可不能出城，也不能向外界泄露行业秘密。[1]

根据一项估算，只有不到0.5%的欧洲中世纪金匠作品得以保存下来。[2] 文艺复兴时期的黄金制品状况与此相仿。只要黄金与经济价值密切相关，黄金的艺术用途就会遭人怀疑，因为这样就让黄金退出了流通领域。禁奢令试图阻止金匠把太多的精力投入到工艺上，因为这有可能让那些以制品形式存在的黄金更难提取，或者有可能鼓励囤积。黄金制成的艺术品具有物质价值，因此也可能被手头拮据的主人、小偷或征服者毁掉重铸。从有利的一面来看，大师级金匠的手艺可以不被视为创造行为，而是技能的展示，他们创造出精致的式样，然而这些作品却无法长久留存，难逃最终的厄运。

本韦努托·切利尼（Benvenuto Cellini）是金匠中最杰出的一位，他在16世纪雕刻的黄金盐罐是西欧世俗黄金制品中最著名的，也是幸存下来的极少数黄金物件之一。这件珍品2003年在维也纳艺术史博物馆被盗，2006年找回，因此再度成为新闻。盐罐最初是为费拉拉红衣主教伊波利托·埃斯特（Ippolito

---

[1] 杰弗里·奇普斯·史密斯（Jeffrey Chipps Smith）.《15世纪后期德国金匠的艺术》（*Art of the Goldsmith in Late Fifteenth-century Germany*）.New Haven, CT, 2006, p.25.

[2] 同上，p.27.

d'Este）设计的，最后给了法国国王弗朗西斯一世（Francis Ⅰ）。盐罐里盛放盐和胡椒，上面的人物象征性地代表盐和胡椒的来源，一是大海一是大地，它们也是海神尼普顿（Neptune）和大地女神（Berecynthia）各自的产品。今天，把盐和胡椒这样普通的商品放在如此奢华的容器里似乎并不协调，但在当时它们具有很强的象征意义。食盐代表法国的财富，大西洋海岸盛产的食盐让法国从中获利。在冬季和困难时期，人们必须用盐保存食物。胡椒则是来自东方来的异域商品，代表繁荣的对外贸易。

正如我们从装饰手抄本中看到的，羊皮纸书写艺术和绘画艺术都以黄金作为材料，黄金也用来制作立体物品。在中世纪，木板上的绘画也闪烁着黄金的光泽。拜占庭艺术家也会在神像（圣徒的肖像画）上用黄金加以渲染，从而产生解脱感和动感，强调重要的视觉因素，并把荣耀归于神圣之人。根据艺术史学家雅罗斯拉夫·福尔达（Jaroslav Folda）的记载，用黄金渲染圣像是公元9世纪后半叶形成的"一个有关圣像的重要新概念"，当时圣像支持者（维护圣像者）战胜了他们的反对者（圣像破坏者）。[1] 西欧艺术家看到拜占庭作品后，很快就开始在宗教板面绘画中使用黄金。

这类绘画很多以黄金为背景，采用的黄金主要是金片，

---

[1] 雅罗斯拉夫·佛尔达（Jaroslav Folda）.《带神圣光芒的圣物：用金色墨水制作的拜占庭圣像》（"Sacred Object with Holy Light: Byzantine Icons with Chrysography"）.出自《拜占庭宗教文化：纪念爱丽丝·玛丽·塔尔博特》（*Byzantine Religious Culture: Studies in Honor of Alice-Mary Talbot*）.丹尼斯·沙利文，伊丽莎白·费舍尔，斯特拉蒂斯·帕帕约安努（*Denis Sullivan, Elizabeth Fisher and Stratis Papaioannou*）编辑.Leiden，2012，p.155.

西蒙·马丁尼,《天使报喜与圣徒安萨诺和玛格利特》,1333年用蛋彩画颜料和黄金在木头上绘制。

1543年本韦努托·切利尼雕刻的黄金盐罐,由黄金、黑金镶嵌,乌木做基座。

是捶打高质量的金币得到的。① 版画画家同书稿装饰者一样，也把贝壳金粉用作一种颜料。为了装饰版画的黄金背景，他们会把图案雕刻或印到版面上，为了创造出雕刻元素，他们会在镀金前弄好版面，主要做法是先使用一种称为红玄武土的黏土混合物，再使用一种石膏糊状物，于是版面表面就可以映射光环、王冠、腰带、天使的翅膀这样一些特定的金色元素。1333年西蒙·马丁尼（Simone Martini）的《天使报喜》是用黄金做背景的极佳范例，其中金色光环呈现出厚重的纹理，而不仅仅是平光涂料。但是一个世纪之后，人们的品位发生了变化。艺术理论家莱昂·巴蒂斯塔·阿尔伯蒂（Leon Battista Alberti）关注几何空间的精确描述，他批评在绘画中使用黄金的做法。阿尔伯蒂指出，"画家在绘画中使用很多黄金，因为他们认为黄金带来高贵的感觉。"他还坦率地说，"我不赞成这种做法。"

> 哪怕你在画维吉尔的狄多（Dido），她金色的头发夹着金夹子，紫色连衣裙系着金腰带，马的缰绳和马饰也是黄金做的，哪怕是这样，我也不想让你使用黄金，因为用平淡的色彩体现黄金的灿烂，会让人们更加钦佩和赞扬艺术家。②

---

① 厄玛·帕瑟里（Irma Passeri）.《早期意大利绘画中的金币和金叶》（"Gold Coins and Gold Leaf in Early Italian Paintings"）.《艺术的问题》(The Matter of Art). 克里斯蒂·安德森，安妮·邓洛普，帕米拉·斯密斯（Christy Anderson, Anne Dunlop and Pamela Smith）编辑.Manchester, 2015, pp.97—115.

② 莱昂·巴蒂斯塔·阿尔伯蒂（Leon Battista Alberti）.《论绘画》(On Painting). 约翰·斯宾塞（John Spencer）译.New Haven, CT, 1966, P. 85.

1907 年古斯塔夫·克利姆特（Gustav Klimt）创作的《达娜厄》，在帆布上用油画颜料和金片绘制。

丽莎·格拉尼克（Lisa Gralnick），《隆鼻》（2003），由石膏和黄金制成。

阿尔伯蒂要求画家使用普通材料创造出纯金的感觉，而不是使用各种引人惊叹的材料。我们可以用多种方式解释他的观点。这表现出对温和的方式的赞同，对表面的富丽堂皇的不屑。这也可能反映出，他担心闪闪发光的黄金的"特殊效果"会影响表达的现实性。最后，在艺术家们努力提升职业形象，坚持学养特色时，阿尔伯蒂更关注的，是由艺术家灵巧的手所增加的价值，而不是材料本身固有的价值。

现代艺术中的黄金
Gold in Modern Art

象征主义画家古斯塔夫·克林姆特（Gustav Klimt）公开反对阿尔伯蒂对他"黄金时期"绘画的看法。在这个时期，他受到黄金马赛克的启发，绘制出了拜占庭和西方中世纪艺术的背景。在画作《鲍尔夫人的肖像》和《吻与舞》中，克林姆特充分运用金片抚平画面空间，把人物和背景融入闪亮的、幻象般的表面设计。很多画家都曾把达娜厄（Danaë）的传奇故事作为主题，在这个希腊传说中，宙斯化成金雨水渗入囚禁达娜厄的塔内，让达娜厄怀孕并生下英雄珀尔修斯（Perseus）。克林姆特这位奥地利艺术家和其他艺术家一样，借这个故事表现出了不加掩饰的色情主义。在文艺复兴时期画家提香（Titian）的几个版本中，作为神灵出现的黄金雨和作为金币出现的黄金雨也是模棱两可，表明达娜厄在接受神圣来访者时涉及了金钱问题。然而，在克林姆特的例子中，对于作为画家的艺术家使用黄金的这种注重感官体验的做法，达娜厄身上覆盖的黄金似乎做出了应有的评论。

阿尔伯蒂在批评中提出的问题至今仍未解决，当代艺术家用黄金作为评价本质问题和艺术价值问题的媒介,这种评论有时带有讽刺意味。1959年法国概念派艺术家伊夫·克莱因(Yves Klein)在他创作的《非物质的绘画感受区》中印上了一些收据并以此命名,声称这是收取了一定金额的纯金的回报。如果买方愿意就可以把收据烧掉,实现作品标题中的"非物质性"。克莱因把收到的一半黄金扔进了莱茵河,余下的黄金用于他的一幅名为《单一黄金》的金片画作。卡尔·安德雷(Carl Andre)1966年创作的《金矿区》只是他支付给珠宝商600美元后得到的一块正方形的金片,他向委托他作画的收藏者维拉·利斯特(Vera List)收取了同样的费用。这种绘画方式的写实主义似乎抹杀了艺术家的劳动,或许也讽刺性地评判了赞助人、艺术家和制作者之间的关系。① 雕刻家罗尼·霍恩(Roni Horn)模仿安德雷,把一件作品命名为《金矿区的形式》(1980—1982)。在这幅作品中,霍恩把900克(2磅)黄金制作成起皱的长方形地毯。菲利克斯·冈萨雷斯-托雷斯(Félix González-

伊夫·克莱因的《黄金的沉默》(1960),将金片放在木板上制作而成。

---

① 朱莉娅·布莱恩·威尔逊(Julia Bryan Wilson),《艺术工作者:越南战争时期的激进做法》(Art Workers: Radical Practice in the Vietnam War Era).Berkeley,CA,2009,pp.65—66.

Torres)受到这幅作品的启发,创作出具有独特风格的"糖果溢彩"作品,把所有的糖果包在金色薄片里。在21世纪初,接受过金匠技术培训的美国艺术家丽莎·格拉尼克(Lisa Gralnick)创作了《金本位》,作品包括三套不同寻常的小件物体的组合,主题旨在反思黄金、价值和历史。第一组是物品的石膏像,

艾尔·安纳祖(El Anatsui)2007年在威尼斯福图尼宫展出的作品《新鲜和褪色的记忆》,用铝线和铜线串成。

配有小部分黄金，体现出的含义则是，这些石膏像所表现的物品，如果用黄金的重量来衡量会具有多少价值。这些物品通常是没有太高货币价值的日常用品，意味着石膏起主导作用。例如，一本书只有很小的一角是用黄金做的；一把手枪在枪托上有稍大一点的黄金镶边。名为《隆鼻》的作品描述了整形外科医生对鼻子的处理，是人脸的石膏模型，黄金所占的部位比鼻子稍大。第二组中的石膏模型表现的对象，则是格兰尼克必须花钱购买的，而且为了得到其他物品所需的黄金，她又不得不把这些物品熔化。第三组包括凭想象创造出的物品，背景是超现实的、虚拟化的黄金工艺史。①

　　英国艺术家理查德·莱特（Richard Wright）也在作品中表现了黄金制品形式的短暂易逝。在同一时期展示空间的纪念墙上，他用金片巧妙地绘制出巴洛克墨迹这样的复杂图案，例如他于2009—2010年在英国泰特美术馆展出的《无题》。莱特就这样创造出了令人沉迷的视觉体验，随着观察者位置的移动，光芒闪烁的作品也会不断发生变化。正如萨拉·朗兹（Sarah Lowndes）所说，"金片在阳光下辉耀光灿，在背光处则黯淡失色。这个过程是传统的，图案由底图转移到墙上，首先要在同等面积上涂抹黏合剂，然后再贴上正方形的小金片。

　　莱特在展览结束后重新绘制了这件作品。莱特感兴趣的是价值而非"物品"："这些画作可能要花几个星期制作，完成后通常保留不了多久。也许这其中体现了牺牲和舍弃，但是这种方法的确更多地源于另外的想法，那就是，我感到我们拥有的物品太多了，我希望绘画成为其他一切事物的一部分。" 加

---

① 丽莎·格拉尼克（Lisa Gralnick）.《丽莎·格拉尼克金本位展览目录》（*Lisa Gralnick,The Gold Standard*）.Bellevue，Washington (2010).

纳雕刻家艾尔·安纳祖（El Anatsui）也在全球消费者协会对物品过剩做出了回应：他把废弃的瓶盖和铝罐装饰成闪烁耀眼的巨大挂毯。这几乎是炼金术的效果，把日用废弃物转化为与黄金等效，从而体现出了艺术的力量。安纳祖所践行的，恰好与阿尔伯蒂在15世纪的做法十分相似，他们都采用了普通材料而非珍贵材料，却巧妙地呈现出了与黄金类似的观感。

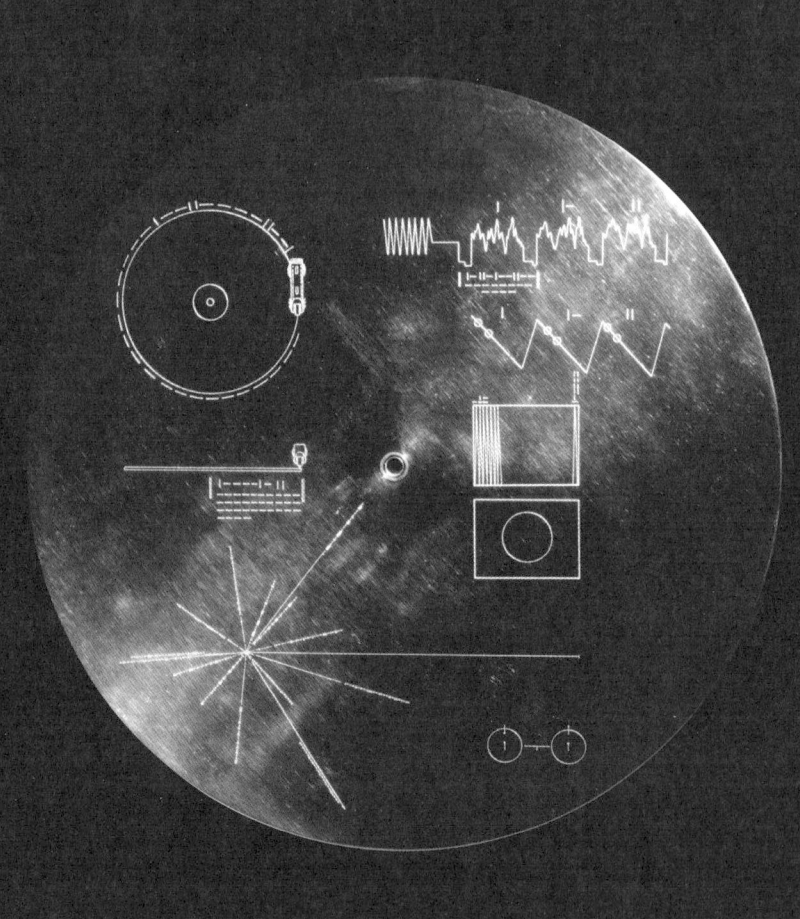

From Alchemy to Outer Space:Gold in Science

V 从炼金术到外太空：
黄金与科学

财富之神。现在,享乐者,
抬高自己,同她谈话,全用金子;
一次次沐浴她如同朱庇特主神
沐浴他的达娜厄,向神展示,
与财富之神相比的吝啬者。什么!石头就可以。
她将感受黄金,体味黄金……我将强大
而有力,在与她的谈话中。

——本·琼森,《炼金术士》

本·琼森的剧本《炼金术士》嘲弄对炼金术的追求,炼金术通常等同于从其他金属中合成黄金的愿望。我们将看到,他并非第一个让炼金术士成为嘲笑对象的人。但是在历史上,炼金术大多数时候都是件严肃的事。在14世纪早期,矿井枯竭,西欧经历了银的短缺,统治者希冀依靠炼金术士扩充国库。1317年,教皇约翰二十二世(Pope John XXII)颁布了一道名为"他们承诺无法产出之物"的教皇诏书,宣布炼金术非法。不久以后,多米尼加命令将所有的炼金术士全部逐出教会,一个不留，意大利占星学家和炼金术士切克·达斯科利（Cecco d'Ascoli）被处以火刑，尽管他的另一个身份是博洛尼亚大学教授。那些反对炼金术的人不但有宗教情怀，而且也有经济和政治方面的考虑。"炼金术"可以用于伪造，通过把贵金属与贱金属合成到一起增加金属货币的供应量，对炼金术士的批评不仅是质疑其成功的可能性或谴责巫术，也是指责他们的贪婪。在14世纪和15世纪，战争越来越多，战争成本迅速增加，出于生产更多现金的需要，统治者转而保护炼金术士，希望从中获利。尽管英国国王亨利四世在1404年禁止增加贵金属产量，但是与他同属一个世纪的亨利六世对炼金术充满好奇，乃至向他信赖的人授予调查炼金术的豁免权。

在早期，炼金术士的名声很差。人们与琼森一样，视之为痴迷的、疯狂的科学家，他们徒劳地追求完美的炼金术，结果让自己一贫如洗。在菲利普·加勒（Philips Galle）1558年仿照老勃鲁盖尔（Pieter Bruegel the Elder）的绘画中，我们可以看到炼金术士作坊的凌乱场面，在画的中央，炼金术士的妻子指着她空空的钱包。炼金术有个众人皆知的特点，就是让从业者穷困潦倒。一位出版商后来把alchemist（炼金术士）这个词改写为"Al-Gemist"，这是个文字游戏，他要用"Al-Gemist"传递的字面意思则是"一切混合在一起"。在很多描绘炼金术士作坊的画作中，典型特征就是与此相似却更令人难以接受的混乱场景，例如，在一幅画里，疯狂的科学家与猴子一起出现，用猴子代表对模仿和伪造的嘲讽。

其他人把炼金术士视为冒充内行的人、骗子、江湖术士。在启蒙时期，炼金术承受了太多嘲弄。这种偏见也渗透进了现代科学史领域，因为科学史一样要筛选出过去实践的历史，强调现代、客观、合理的方法及其发现的直接来源。

　　炼金术的化学和物理基础在某种程度上与现代科学并无不同。炼金术士相信一种原子理论，在原子物理学和放射化学这两门新科学于 20 世纪初期出现时，那些相信神秘学知识的人或许与炼金术士有同样的感受。① 隐含在所有炼金术理论背后的，都是关于物质世界的同样一种观点，这种观点的基础就是，世界的主要物质由气、火、水、土这四大基本元素组成，它们互相作用，产生热、冷、干、湿这些物质的基本性质，物质可以分解为元素并按元素的不同比例重组。炼金术的一些说法似乎不可思议，但是从抽象的角度来看，炼金术与现代原子理论并无太大不同。炼金术士也认为，形式改变可以自然而然地发生，例如矿物质在土壤中产生，一些动物来自其他动物的退化，人类在生病后康复，恰当运用形式改变的艺术有利于大自然的发展。情况并非像我们认为的那样神奇。从某种意义来说，炼金术的操作并未超出自然法则之外。

　　的确，与 20 世纪或 21 世纪的观点相比，18 世纪或 19 世纪的人们更认为炼金术愚蠢不堪。若要说炼金术士预先揭示了黄金在现代科学中的多种用途，可能言过其实，但他们的确使用了酊剂和溶剂，通过燃烧、发酵、结晶、煅烧和蒸馏的工艺流程进行了某种形式的科学实验，实验得出的发现后来恰当地服务于科学。在我们称之为"科技革命"的时期，很多 17 世纪的欧洲作家都会远离炼金术，但这并没有让他们与更早时期的炼金术士划清界限，而早期的炼金术士也会与不受信任的江湖骗子或江湖术士划清界限，认为自己是炼金术的正当从业者。

---

① 马克·S. 莫里森 (Mark S. Morrisson)，《现代炼金术：神秘主义和原子学说的出现》(*Modern Alchemy: Occultism and the Emergence of Atomic Theory*)．Oxford，2007.

在17世纪，一些鄙视炼金术的科学家也与炼金术有关联。现代化学的奠基者之一罗伯特·波义耳（Robert Boyle），还有艾萨克·牛顿（Isaac Newton），都是美国炼金术士乔治·斯塔基（George Starkey）（化名"真理的和平爱好者"）的弟子。波义耳有生之年一直致力于寻找炼金术的神秘"哲人石"。炼金术实验产生了有用的知识，比如磷的发现。化学家也在寻找可以解释多种不同化学过程的基本原理。举例来说，正如炼金术士把水银、硫黄和盐想象成物质的基本要素，"酸碱"理论认为这些特征是物质的根本基础。弗朗西斯·培根在1605年的《学问的发展》（Advancement of Learning）中写道："制造黄金的尝试带来了很多富有成效的发明和实验。"[1] 炼金术士的实验操作为现代实验科学扫清了道路。

炼金术和伪造黄金
Alchemy and the fabrication of gold

在近代欧洲，实验科学发展的核心就是渴望制成"人造"黄金和其他物质，例如瓷器、颜料和各种长生不老药。这种愿望与艺术实践紧密相连。塞尼诺·赛尼尼（Cennino Cennini）在文艺复兴早期探讨艺术技巧的论文中提到利用"炼金术"制作颜料，他只讨论了通过化学或物理方式用矿物质制造的颜料，例如朱砂或雄黄。朱砂是一种由粉状辰砂做成的红色颜料，是汞和硫黄的化合物，这两种元素也是在西方炼金术中最有象征性。雄黄就是硫化砷，尽管毒性很高，但是呈现为鲜明的亮黄色，

---

[1] 弗朗西斯·培根（Francis Bacon）.《论学问的精通和进步》（The Two Bookes of the Proficence and Advancement of Learning Diving and Humane）.Oxford，1605，22v.

菲利普·加勒《炼金术士》翻印，仿老勃鲁盖尔的绘画，17世纪雕刻。

《炼金术士与猴子》（17—18世纪）。大卫·特尼斯（David TeniersII）风格，帆布油画。

吸引了画家、炼金术士、医师的注意。

我们现在认为炼金术只是幻想，但是很难说清炼金术和简单的实用性知识之间的区别。我们可以想一想中世纪欧洲作家西奥菲勒斯（Theophilus）是如何描述用黄金在手稿上绘画的。画家用金粉绘画时，首先用红色颜料和蛋清做底色，将之应用到事先计划以黄金装饰的手稿页的所有地方，然后把磨成粉状的黄金与加热后的胶水混合，涂在页面上，接下来用"经过仔细切割并在光滑、闪亮的角笠石上抛光的牙齿或血石"进行打磨。制作胶水可以选择鲟鱼或鳗鱼的鱼鳔、小牛牛皮纸（用于手稿书写的牛皮），或者把干的梭子鱼鱼头骨烹饪三遍。对于当代人来说，配制这样的组成成分听起来像是制作魔法药水，但这却是以自然存在的材料为基础的实用技术。

镀金、蒸馏、制作化合物，现实中的这些冶金知识可以追溯到几千年前。在很多情况下，"制造"黄金仅仅涉及各种形式的镀金或合金，由此加工出看起来像黄金的金属物质。就我们现在所理解的炼金术而言，更加深奥的内涵至少要追溯到公元1世纪，也有可能比这更早。人们很难知道如何按本来面目借鉴诸多散失的文本和神秘的古代权威，这些权威不仅包括现实中的践行者，也包括那些神灵化的人物，例如希腊神灵赫尔墨斯（Hermes）的化身赫尔墨斯·特利斯墨吉斯忒斯法老（Hermes Trismegistus），"hermetic"（炼金术的，密封的，深奥的）这个词就来自他的名字。与这个词的含义一样，炼金术士的文本常常刻意写得晦涩难懂，旨在向入会者揭示秘密，而不会把信息透露给更多读者。他们经常表示所说的不是普通矿物质，而是具有相同名称的神秘、超凡的物质。罗马帝国晚期的很多作家声称，公元4世纪初统治罗马的罗马皇帝戴克里先（Diocletian）下令烧掉了埃及炼金术士的所有书籍，以免炼金术士炼造出黄金资助反叛者。这就可以解释为什么最早的炼金术文本出现在公元300年左右。审查记录在那之后一个世纪开始出现，可靠与否仍不清楚。不过，对炼金术的攻击可能也体现出人们努力改革货币，组织传播仿造货币所需要的知识。①

最早的"炼金术"纸莎草手稿包括《斯德哥尔摩纸莎草书》和《莱顿纸莎草X》，它们是各种化学合成法的实用指南，包含净化、测定、制作、"增加"金属、给宝石和金属染色与着色、加工金墨水和银墨水的实用方法。当然，其中一些做法涉嫌欺骗，另一些做法反映的只是对黄金这种金属的宽泛界定，包括"白色、干燥、黄色、镀金的东西……黄铁矿（愚人的黄金）、镉和硫黄……一切变黄的、按比例分配的、趋于完美的碎片。"②帕诺波利斯的索西莫斯（Zosimos of Panopolis）是位炼金术士，公元3世纪出生于埃及，他的一篇论文聚焦于真正的金属变形，语气神秘，或许是切实隶属炼金术领域的最早的论文。索西莫斯声称自己依循的是可以追溯到古埃及法老时期的传统方法，并且开启了炼金术士的语言和诺斯替教派的智慧，通过对神秘想象的叙述把金属提纯与道德净化结合到一起。尽管在他的体系中，硫黄和水银扮演的角色没有后来的炼金术士所说的那么重要，不像后人那样认为这两种元素的结合是生产黄金的关键，

---

① 林恩·桑代克（Lynn Thorndike）.《巫术历史和实验科学(1958)，第一卷》（*A History of Magic and Experimental Science (1958)*, vol. I）, p.194. 杰克·琳赛（Jack Lindsay）.《炼金术在希腊影响下的埃及的起源》（*Origins of Alchemy in Graeco-Roman Egypt*）. London，1970, p.54.

② 贝特洛（M. Berthelot）. *Introduction à l'étude de la chimie des anciens et du Moyen Âge* .Paris，1899, p.20

但他的确描写了合成这两种元素的过程。他描述了"哲人石",这是后来炼金术作品的主要组成部分,据说拥有将其他金属变成黄金的特性。索西莫斯还提供了关于早期炼金术士的信息,我们对这些炼金术士原本知之甚少,例如他谈到犹太女子玛利亚(Maria the Jewess)发明了很多炼金术工具,这位犹太女子在埃及生活的时间比他早几十年。法语词语"bain-marie"(双层锅炉)就来自她的名字。普罗克鲁斯(Proclus)在公元5世纪写道,对制造黄金的追求是一种已经成型的文化主题,他蔑视"那些声称从某些物种的混合物中提取黄金的人"。普罗克鲁斯自己的观点在现代人看来同样充满神秘感。与古代后期到近代的其他作者一样,

迈克尔·迈尔,《犹太女子玛利亚》(1617),蚀刻版画。

他也相信"在天神和他们美德的感召下,黄金和白银(生长)在地球上"。①

把 alchemy(炼金术)一词带给我们的是阿拉伯语,由此还产生了众多相关的术语,包括 elixir(万能药)、alkali(碱)、alcohol(酒精)和 algebra(代数)。这个词来自希腊词语"chymeia"(意思是混合物)的阿拉伯语译文。公元 640 年,四位正统哈里发(Rashidun Caliphate)征服亚历山大后,阿拉伯炼金术士接触到了传播希腊文化知识的埃及炼金术士。他们还吸收了来自印度的化学和冶金学实践性知识,并把自己的科学严谨精神带进了传统。公元 8 世纪或 9 世纪出生于波斯的贾比尔·伊本·哈扬(Jābir ibn Hayyan),可能是阿拉伯世界炼金术士中最重要的一位。关于他的阿拉伯文本认为,他提出了所有的金属都源于水银和硫黄,这一概念发展成中世纪和近代炼金术的重要理论。贾比尔·哈扬或其他用这个名字写作的人详细描述了"哲人石"的准备过程。在贾比尔·哈扬看来,哲人石等同于"生命的万能药"。不过,把不那么贵重的基本金属转变成黄金只不过是强调试验的做法,这种做法将在一千年里继续主导炼金术。贾比尔提纯的化合物包括氯化铵、备好的钢、染色的织物和皮革、从醋中蒸馏得来的乙酸等等。人们也认为他生产出了西方所说的"王酸",一种浓硝酸和浓盐酸的混合物,能够分解黄金和铂金。尽管硝酸不能单独分解黄金,却可以分解白银和其他金属,这是确定金属纯度的"酸性试验"的起源。

即使是归结为贾比尔所做的阿拉伯文本,我们也无法确切地说只与这一位历史人物相关。在欧洲的情况更加复杂。贾

---

① 琳赛(Lindsay).《炼金术在希腊影响下的埃及的起源》(*Origins of Alchemy in Graeco-Roman Egypt*),pp.60—61.

比尔成了"格柏",这个编造的名字与数百个炼金术文本联系在一起,而这些文本是人们在他去世之后,在炼金术于12世纪传到西欧之后的漫长时间里渐渐创作出的。在从事炼金业可能招致政治危险的情形下,使用假名更多是为了自我保护,而不是为了伪造。这种做法的确给那些以著名人物命名的文本赋予了权威性,那些将炼金术文本归因于早期佛教哲学家龙树（Nagarjuna）或加泰罗尼亚医师拉曼·鲁尔（Ramon Llull）的人的情况或许也是如此。使用鲁尔这个名字的人提出了水银理论。该理论可以同贾比尔的理论相媲美,认为炼金术的目标是提炼"精华"（或"第五元素"）,天然水银的一种物质形式,而后进一步提纯获得纯净水银。欧洲炼金术士提出一系列理论并展开辩论。英国修士和学者罗杰·培根（Roger Bacon）强调使用血液、牛奶和尿液等动物成分,通过燃烧、蒸馏和发酵的过程进行转换。后来的炼金术士相信可以从硫酸或硝酸钾制得"哲人石"。我们还会谈到帕拉塞尔苏斯（Paracelsus）,他把盐作为一种主要成分添加进去。

从中国道教炼金术到印度密宗炼金术,从阿拉伯作品到欧洲文本,世界范围内的炼金术理论都认为,各种物质具有象征性的性别,金属的生成被理解为一种有性生殖。根据贾比尔的传说,人们认为硫黄像太阳一样,属于阳性,水银如同月亮,属于阴性,它们的结合是一种性的结合。它们在酸浴中结合,创造雌雄同体,随后这种雌雄同体遭到破坏并获得重生。很多炼金术作品特别深奥、复杂、富有隐喻性,充满鸡蛋、烧瓶、侏儒、龙、阴阳人和蟾蜍的形象,它们的象征意义比实际意义

下页图:风景中的阴阳人,出自《日之辉》法典（1582）,萨罗曼·崔斯莫新（Salomon Trismosin）的炼金术文本。

更加丰富。"拿起鸡蛋"的形象影响了迈克尔·迈尔（Michael Maier）1618年的炼金术文章《消逝的阿塔兰塔》（*Atalanta fugiens*）的一幅插图，其中炼金术的学习甚至要配上音乐，并且"用火热的宝剑击打鸡蛋"。这类象征意义的运用或许是一种策略，目的在于对外隐藏炼金术实验室的操作方法，但它的暗指意象说明，对于炼金过程本身，我们可以更多地从精神层面而非实用层面理解。金属的提纯可以代表灵魂的净化。炼金术的传授吸收了微观哲学和宏观哲学的一些内容，那就是假定人类世界、自然界和神的世界彼此相连，这种连接既有实际意义也有象征性。在海因里希·昆拉特（Heinrich Khunrath）名为《永恒智慧的竞技场》的雕刻作品中，炼金术士的作坊形成了巨大眼睛的瞳仁，所表达的观念就是，炼金术知识主要依赖"认识你自己"的准则。宗教改革家马丁·路德（Martin Luther）则认为，炼金术和宗教改革理论之间根本不存在矛盾，这或许更令人吃惊。他表示：

> 炼金术科学我很喜欢，这的确是古人的哲学。我喜欢炼金术，不仅因为它在熔化金属，水煎、调制、蒸馏草药、树根的过程中可以带来利益。还因为寓言和秘密含义的缘故，这极其绝妙……就像在熔炉里，火从一种物质中提取分离出其他成分，将之提升为精神、生命、元气、力量，而不干净的物质、渣滓，留在底部，如同死去的、无价值的躯体。即使如此，在判决之日，上帝将用火把一切事物分开，分出正义与邪恶。[1]

---

[1] 斯坦顿·J.林登（Stanton J.Linden）编辑，《炼金术读本：从赫尔墨斯·特里斯梅基塔斯到艾萨克·牛顿》（*The Alchemy Reader: from Hermes Trismegistus to Isaac Newton*）, New York, 2003, p.22.

22　EMBLEMA VIII.　*De secretis Naturæ.*
Accipe ovum & igneo percute gladio.

EPIGRAMMA VIII.

Est avis in mundo sublimior omnibus, Ovum
　Cujus ut inquiras, cura sit una tibi.
Albumen luteum circumdat molle vitellum,
　Ignito (ceu mos) cautus id ense petas:
Vulcano Mars addat opem: pullaster & inde
　Exortus, ferri victor & ignis erit.

Mul-

迈克尔·迈尔《消逝的阿塔兰塔》（1618）中的《卵》，蚀刻版画。

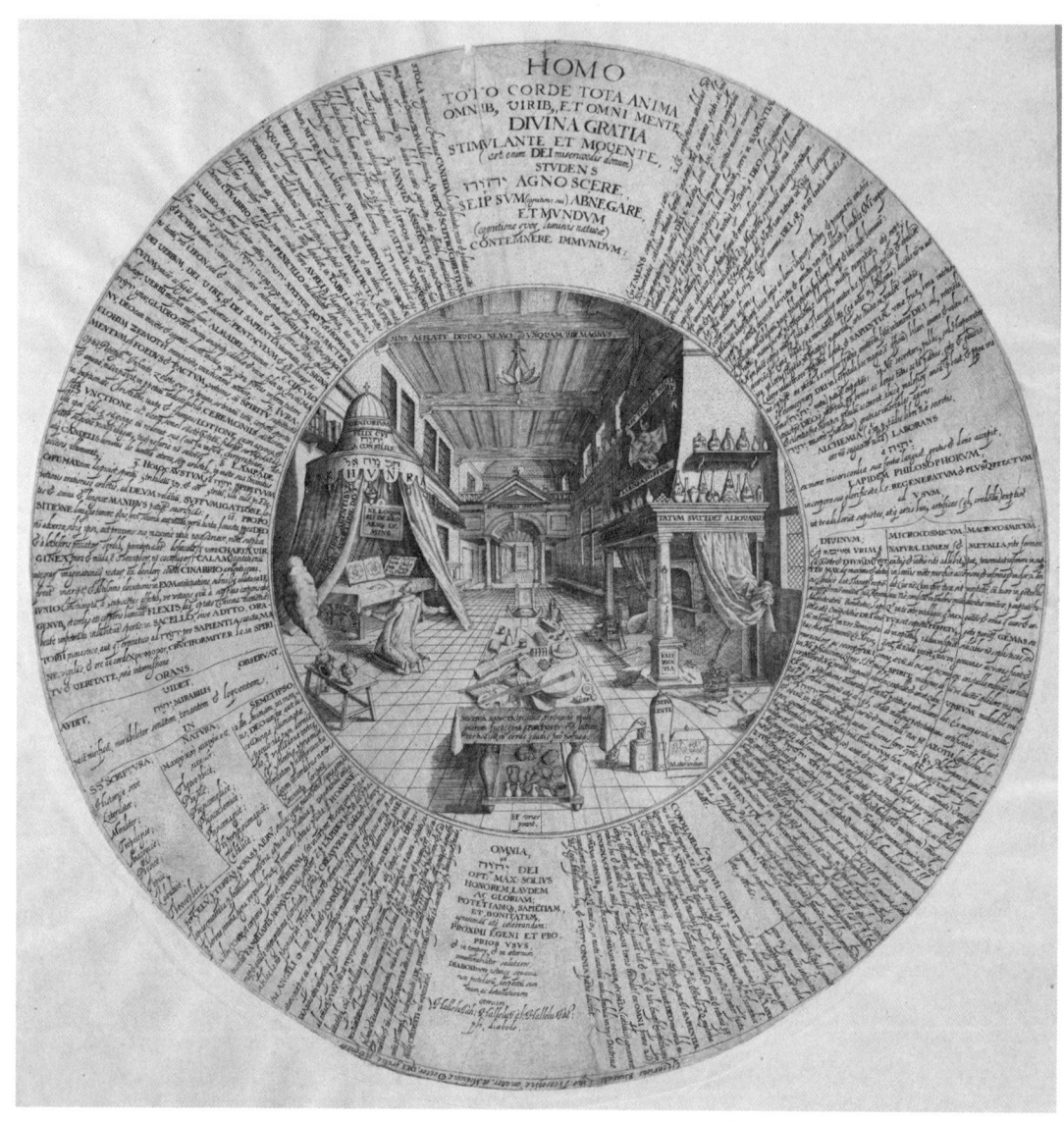

蚀刻版画，《炼金术士的实验室》，据信为彼得·凡·德尔·多特（Perter van der Doort）在汉斯·德·弗里斯之后创作，来自海因里希·昆拉特的《永恒智慧的竞技场》（1595）。

黄金和医学
Gold and medicine

在古代，炼金术代表一种宽泛的哲学观，它与医学实践和宇宙论相关，而不仅与增加财富有关。黄金和药物学之间一直存在密切的关联。人们认为黄金"高贵"，因此把黄金视为下葬后获得永生的媒介。在古埃及后期，从公元前7世纪到公元前4世纪，人们一直用黄金包裹木乃伊，也就是说，他们的皮肤完全被镀金，身体主要的孔洞或重要部位都用黄金密封。人们认为，这样做可以保护死者的身体免于腐烂，甚至能让他们重生为具有纯金身体的不死之神。[1]

炼金术的治疗功效在亚洲医学实践中尤为重要，在欧洲非常有影响力的阿拉伯作家可能知晓某种方式的亚洲医学。黄金在中国的经济体系中并非处于核心位置，然而黄金却是中国药典中的常规成分。中国的炼金术士从药草、花、谷物和水果以及动物和矿物成分中炼出玄乎其玄的长生不老药。明朝的炼金术文本中记载了各种长生不老药，从富有诗意的"猩雪流珠"、"深红色的苍天遨游"到更普通的"好天"或"八种矿物"。黄金显然是许多长生不老药的一种成分，尽管这些不老药很少以黄金命名，"液体黄金和翡翠花朵"是个例外。[2]朱砂、砷化物雌黄和雄黄或许更有毒性而不是有益健康，但它们也是上等的原料（清朝制造的玻璃容器颜色看起来就像雄黄，呈现出

---

[1] 奥弗菲尔（Sydney Hervé Aufrère）.《埃及思想中的宇宙矿物》（*L'Univers minéral dans la pensée egyptienne*）.Cairo，2001，pp. 377—379，389—391.

[2] 纳森·席文（Nathan Sivin）.《中国炼金术：基础研究》（*Chinese Alchemy：Preliminary Studies*）.Cambridge，MA，1968，pp.151—158.

鲜艳的橘红色，不过没有毒性）。如果一种配方没有达到预期的效果，那么人们总会发现实行者在完成必要的仪式步骤时发生了一些缺陷。被称为"九坩埚朱砂"的长生不老药就是个例子，根据晋朝炼丹家葛洪的记载，这种药能让皇帝升天，服药者需要连续 100 天仪式性地净化自己，做法对外保密，然后要"把一个金色人像……一条金鱼……扔进向东流淌的小溪，作为承诺，并在嘴唇上涂抹祭品的血进行宣誓，祭品可以是白色的鸡。"①

中国的炼金术士最初炼丹时或许受到了古代印度伊朗宗教教义的启示，这种宗教教义将黄金与使用"苏摩"（soma）的仪式联系在一起，苏摩是用神圣的药草压榨出的汁液，吠陀的饮料，被描述为金黄色的，喝了可以长生不老。实际上，这可能是一种作用于神经的真菌。②除了喝下可饮用的黄金外，人们还认为使用金盘子和金餐具就餐有助于长寿。或许是在公元前 4 世纪的中国，炼金术士首先把人工生产提纯黄金的想法与长生不老药的概念结合起来。与中国炼金术的起源不可分离的是同一时期兴起的一种宗教和哲学运动，也就是道教。到了公元前 2 世纪，炼金术的各种观点在中国已经成型，具体而言就是对人造黄金和长生不老药的追寻。最终，这样的追寻影响了整个世界。中国炼金术士吹嘘说人造黄金优于天然黄金。在《抱朴子内篇》里，炼丹家葛洪提出，人造黄金能让炼金术士长生

---

① 詹姆斯·韦尔（James Ware），《公元 320 年中国的炼金术、医药、宗教：葛洪的抱朴子内篇》（Alchemy, Medicine and Religion in the China of AD 320: The 'Nei Pien' of Ko Hung）. Mineola, NY, 1981, p.74.
② 李约瑟，鲁桂珍（Joseph Needham and Lu Gwei-Djen），《中国科学与文明》（Science and Civilization in China）.Cambridge, 1974, 第五卷第二部分（vol. v, part 2），第一部分第 33 章（section 33, part I），pp. 115—120.

北京清朝用六边形模具吹制的仿雄黄色玻璃花瓶,约公元1723—1750年。

不老，所以它的质量优于天然黄金，对此他显然也感到吃惊。不过他也承认，另外一个因素就是炼金术士贫穷，因此，如果他们想得到黄金，就必须制造黄金。① 或许你认为黄金无法制造，但是葛洪告诉我们，一些人也不相信龙和独角兽真的存在，但是人们没见过并不意味着它们不是真的！②

和很多西方炼金术文本一样，中国炼金术采用了隐喻语言，因此我们很难说清，中国文本中化学过程的说明指南应按精神术语还是实用性术语解释。葛洪的《抱朴子》分为《内篇》（道教思想）和《外篇》（儒家思想），清晰地表明了公共知识和私人知识的差别。《外篇》对日常生活的实际事物提出建议；《内篇》就化学过程给出指导意见，并提出一些哲学概念，兼顾"内丹学"和"外丹学"，前者指通过冥想自我转变的过程，后者指万能药的制备。葛洪还写下了《金匮良方》和《神仙传》，在书中描述了与生产黄金一起达到巅峰的生产长生不老药的过程，并且讨论了不朽的概念。

葛洪和其他炼金术士把炼金术和冥想描写为提升自我的方式，认为炼金术和冥想优于体操、草药、呼吸、性技巧以及节食等其他方式，也优于巫术与占卜。③ 炼金术士在皇宫经常受到优待，其中既有男性也有女性。耿夫人是唐朝的宫廷炼金术士，除了其他专长外，据说她能把白雪变成白银。但是，同西

---

① 韦（Ware）.《公元320年中国的炼金术、医药、宗教》（Alchemy, Medicine and Religion in the China of AD 320）, pp. 267—268；李约瑟，鲁桂珍.《中国科学与文明》（Science and Civilization in China）, pp. 68—71.

② 韦（Ware）.《公元320年中国的炼金术、医药、宗教》（Alchemy, Medicine and Religion in the China of AD 320）, p. 50.

③ 法布里奇奥·普雷加迪奥（Fabrizio Pregadio）.《澄明：中世纪早期中国的道教和炼金术》（Great Clarity: Daoism and Alchemy in Early Medieval China）.Stanford, CA, 2006, p.125.

明朝时期的立轴创作:《提木炭篮的炼金术士》,公元1351—1400年。

方的情况一样，炼金术有时也被等同于魔术师和骗子的不光彩的把戏，人们只能认为，白雪变成白银不过是魔术师的把戏。通俗道教属于被称为"方士"的信众，"方士"也可以被理解成魔术师或占卜者、工匠，其专长包括药物和金属转变以及各种形式的预言。有人这样批评：

> 所有这些术士……总是宣称各种奇闻和奇迹，神灵和鬼怪……他们依次种植与五行神秘相连的五谷，按照每天太阳的节律播种收获，与山石比长寿，掌握了把普通的金属变成黄金的方法，让体内生出了完美的五色和五液。这些术士哄骗愚弄大众。他们掌握魔法，精通所有错误虚假的伎俩，目的是欺骗我们世界的统治者。

在欧洲，尽管基督教文本不会表现通过金丹在尘世获得永生的梦想，但是从炼金术中获得黄金一直与长寿相关。很多欧洲炼金术士的确都是医师，其中最著名的也许就是17世纪的瑞士医生帕拉塞尔苏斯（Paracelsus）。在玛丽·雪莱的《弗兰肯斯坦》（Frankenstein）里，这位近代科学家代表了古旧观念的阴暗一面，他想从各种怪异物质中创造出人，而维克多·弗兰肯斯坦（Victor Frankenstein）正是本着这样的观念开始创造人造生命的。帕拉塞尔苏斯的确有炼金术上的追求，他把盐添加到水银和硫黄中，把炼金术的神圣元素拓展为盐、水银和硫黄，但他的做法是医学实践的一部分。他在医学研究中采取的实证方法还包括，他观察到清洗伤口比烧灼伤口更有效，并且用金属化合物实验治疗疾病，例如用黄金化合物治疗癫痫病和情绪障碍，从本质上看，他发明了化学疗法。他还发明了鸦片酊，

Madame de palentinoy

法国匿名画家所作，《戴安娜·德·普瓦捷》，红色与黑色粉笔画，17世纪。

这是一种把鸦片和酒精混合制成的大众药品。尽管对帕拉塞尔苏斯来说，鸦片酊指的是几种不同类型的万能药，而且或许包括黄金和珍珠这样的成分。他还称赞黄金是高贵的金属和通用万能药，是正常死亡的常规治疗药物。持这种观点的人远不止他一个，饮用黄金液体盛行一时，结果导致了一些悲剧。小剂量的黄金确实可以安全服用，现代时尚的金箔酒（Goldschläger）是含有黄金成分的肉桂杜松子酒，黄金偶尔也会用于高级烹饪术。但是稍大剂量的黄金就会具有毒性。法国国王亨利二世的情妇戴安娜·德·普瓦捷（Diane de Poitiers）因饮用驻颜金液而闻名。她的尸体在2009年被挖掘出来后，人们在她的头发中发现了达到毒性水平的高浓度黄金。[1] 对青春常驻的追求可能导致了她的死亡。

20世纪以前，黄金用于治疗各种疾病，例如梅毒、心脏病、天花和忧郁症。从20世纪早期开始，人们通过注射或口服黄金化合物缓解类风湿性关节炎和狼疮症状。这些化合物具有抗炎功效，但长期使用黄金治疗会造成皮肤褪色，损害内脏器官。目前人们正开展研究，想弄清黄金的工作机制，特别是解决黄金毒性的问题。一些兽医针疗医师采取黄金珠植入的方式治疗癫痫、髋关节发育不良以及动物的其他病症，但这种方法并未广泛应用于人体治疗。

黄金最为人们熟知的现代医疗用途之一，就是充当齿冠和牙齿填充物。黄金在牙科的应用历史悠久。古代伊特鲁里亚人似乎已经将黄金用于齿冠和齿桥。尽管人们通常错误地认为美

---

[1] 菲利普·沙利耶（Philippe Charlier）等.《16世纪法国宫廷的黄金不老药》（"A Gold Elixir of Youth in the 16th Century French Court"）.《英国医学杂志》（*British Medical Journal*），339 (16 December 2009).

国首任总统乔治·华盛顿（George Washington）戴着木齿，但他的假牙中至少有一套含有比木头贵重得多的材质：黄金和象牙！①

电子学与黄金的高科技应用
Electronics and high-tech uses of gold

现代社会以前的人们也许正是因为黄金不适于制作工具，才将之用于保值的理想材料，但是现代科学为这种金属找到了多种用途。如今，黄金可以用作摄影的调色剂，在空间技术中可以用作反射涂层，保护设备和宇航员不受电磁辐射的伤害，可以用于催化转化器的镀膜，可以用作导热体为飞机驾驶员的座舱窗户除冰。发射于1977年的旅行者（Voyager）1号和2号空间探测器的任务是探索木星，它们现在已经进入星际空间，携带的金唱片上存储着代表20世纪后期地球文化的声音和图像文件。计划于2018年启用的NASA詹姆斯·韦伯太空望远镜配备了贴有显微金膜的镜子，可以反射来自太空的红外光并用仪器加以研究。

黄金不受潮湿影响，不受腐蚀，具有延展性，因此在高科技应用中特别受青睐。黄金的物理特性使黄金在众多技术创新中起到了推进作用。1786年，英国大教区牧师亚伯拉罕·贝内特（Abraham Bennet）公开了他发明的金叶验电器，由于使用了黄金，它比之前的验电器更能敏感地测量电荷。贝内特把两片金叶挂在一个大的玻璃圆筒里，如果电荷接触到与金叶连接

---

① 弗兰克·E. 格里扎德（Frank E. Grizzard）.《乔治·华盛顿：传记》（George Washington: A Biographical Companion）.Santa Barbara，CA，2002，p.105.

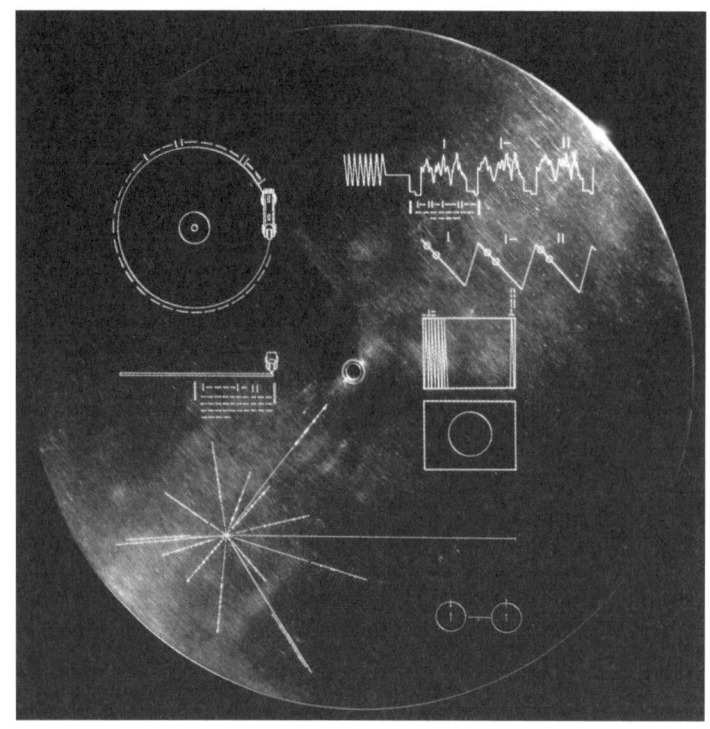

旅行者1号携带的金唱片的封面。

的接头，金叶就会成"V"型分离。[1]1909年，汉斯·盖革（Hans Geiger）和欧内斯特·马斯登（Ernest Marsden）证实，原子由带正电的电子核和周围环绕的电子组成，金是他们最初研究的元素。金箔可以达到相当薄的程度，因此在用阿尔法射线轰击并观察粒子散射时，黄金是十分合适的材料，这样就可以测量相关金原子的正电荷和负电荷。这也让科学家在确立元素周期表的排序原则时可以依照原子数，也就是元素原子核中的粒子数，而不是依照原子的重量。

---

[1] 保罗·埃利奥特（Paul Elliott）.《皇家学会会员亚伯拉罕·贝内特(1749—1799): 18世纪的英国乡下电气技师》（"Abraham Bennet: A Provincial Electrician in Eighteenth-century England"）.《伦敦皇家学会记录》（Notes and Records of the Royal Society of London），LIII/I (January 1999)，pp.59—78.

二战结束后，科学家很快从军事研究转向基础研究。金箔在晶体管的开发中起到了十分重要的作用，而晶体管是所有现代电子技术的基础。晶体管的工作原理是放大、开启和关闭通过半导体的电荷。半导体的导电性可以控制，因此是现代电子设备中的基础材料，其中最为人所知的是硅半导体。根据定义，半导体的导电性介于导体（黄金就是其中一种）和绝缘体（例如玻璃）之间，但是人们可以在半导体中刻意加入杂质或应用电场对半导体进行控制，使其产生不同的导电性。在寻找放大远程通信声音方法的过程中，贝尔电话实验室的科学家们在1947年开发出了晶体管。他们用金箔给塑料楔子涂层，然后用刀片在金箔上划了一道细痕，形成原来紧密相连、现在分离的两个触点。接下来他们把裹着金箔的楔子压进一片锗晶体，锗是一种半导体。正电荷遇到锗时会吸走与金箔接触的电子，为更多的电子打开一条通道，使之

2011年9月，NASA工程师完成了詹姆斯·韦伯太空望远镜21块镜片的黄金涂层处理工作。

可以通过锗从切开金箔的一边移到另一边。锗晶体的一边充当"发射器"的角色,另一边充当"接收器"的角色,就可以把电荷传导并放大。①

第一个晶体管:巴丁和布拉顿用锗和黄金制造的"点接触半导体放大器"。

① 迈克尔·莱尔登,莉莲·霍德森(Michael Riordan and Lillian Hoddeson).《硅晶之火:晶体管的发明和信息时代的诞生》(Crystal Fire: The Invention of the Transistor and the Birth of the Information Age).New York,1998,pp.1—6,132—142.

从20世纪50年代开始，科学家还把很细的金线用作复杂电路元件的焊接线。10—200微米的金线比人的一根头发还细，特别适于连接微芯片上的集成电路元件，包括晶体管、电阻器、电容器和二极管等。由于成本高，黄金正迅速被铜取代。尽管铜易受侵蚀，但是成本更低，具有更好的导电性。

现代海水炼金术与骗局
The modern alchemy of seawater and fraud

赫尔南·科尔特斯和手下的征服者们在墨西哥登陆时，相信自己已经找到了一片满是黄金的土地，"因为据说所罗门就从这片土地上把黄金带到了所罗门神殿"。[1] 但这种珍贵的金属并非总是容易找到。科尔特斯最初向阿兹特克人询问蒙特祖玛的黄金下落时曾编造理由说，他和他手下的人得了一种只有黄金才能治愈的心脏病。[2] 或许是炼金术传统影响了他的观念，让他想到了传说中黄金的药用属性，或许他只不过是开启了一个世代相传的故事。后人在讲述这个故事时难免添枝加叶。无论如何，这个隐喻都让人浮想联翩。折磨科尔特斯和他手下的心脏问题，其实只是心中对黄金的渴求而已。

自古以来，对黄金的狂热一直让人们做出各种非理性的事情，比如说，在众多有名望的科学家否定炼金术后的很长一段

---

[1] 埃尔南·科尔特斯（Hernán Cortés）.《来自墨西哥的书信》(Letters from Mexico). 安东尼·帕格登（Anthony Pagden）译. New Haven，CT，2001，p.29.

[2] 弗朗西斯科·罗培兹·德·马拉（Francisco López de Gómara）.《墨西哥征服》(La Conquista de México). 乔斯·刘易斯·罗贾斯（José Luis Rojas）编辑. Madrid，1987，p.187. 引自休·托马斯（Hugh Thomas）.《墨西哥征服》(The Conquest of Mexico). London，1993，p.178.

时间里，仍然有人执着追求炼金术。由于对黄金的贪求有增无减，炼金术有时仍会激起人们的想象，既包括那些需要钱财的人，也包括那些利用这种需求的人。17世纪后期，自然主义者约阿希姆·比彻（Johann Joachim Becher）声称能从沙子中提取黄金，甚至说服了荷兰议会为他支付安装设备的首期款项。他曾有两次成功地向观众展示了他的技能，而这成功当然只是假象。不过在他的骗子身份最终被人揭穿，他被迫终身逃亡之前，他倒是成功地从政府那里提取出了大量白银，这着实令人瞩目。① 到了贝歇尔所处的时代，炼金术的科学声誉已经开始走下坡路，不过还没有完全消亡。在1891年的伦敦，一个名叫爱德华·品特（Edward Pinter）的美国人声称发现了哲人石，并以此为基础展开骗局。骗局的表现形式其实并不特别，他进行了小范围的演示，让人们看到他能把少量黄金增加三倍，从而说服人们拿出更大数量的黄金让他保管，上当受骗的人包括著名的罗斯柴尔德（Rothschild）银行家族的一名成员。②

　　不过到了这时，人们对黄金的渴求已经完成了向另外一种形式的转换。19世纪下半叶，科学家提出了海水中存在黄金的理论并就此展开辩论。一些科学家认为有可能从海洋提取黄金，尽管海洋中的黄金含量极其微小，人们并不清楚能否设计出有利可图的提取方式。马萨诸塞州玛莎葡萄岛的一位浸信会牧师受到这些科学发现的启迪，借助缅因州遥远地区的一座真实工

---

① A.G.德布斯（A.G.Debus），《约钦姆·贝歇尔》（"Becher, Johann Joachim"）. 出自《科学传记字典》（Dictionary of Scientific Biography）. 吉利斯皮（C.C.Gillispie）编辑, vol. I.New York，1970，pp. 548—551.
② 《伦敦的美国骗子：据说罗斯柴尔德家族一位成员受骗》（"American Swindler in London: One of the Rothschilds Said to have been a Victim"）.《纽约时报》（New York Times），1891年5月13日.

厂，精心设计导演了一场骗局。他造出了假的机械设备，事先藏起少量黄金，在好奇的人们前来参观时向他们展示这些黄金，声称这是他采用新的提炼方法制成的。在他携款潜逃后，投入毕生积蓄购买电解海盐公司股份的投资者沮丧到了极点。

尽管发生了这样的不幸事件，在20世纪初，从海水里提取黄金的可能性仍然继续激发着人们的想象，其他投资者前仆后继。黄金提取方案在英国、马耳他和澳大利亚纷纷涌现。在澳大利亚的方案中，人们把海水填充到一个大型蓄水池里，让海水中的矿物质沉淀，然后排空海水，用新发明的氰化法从沉淀物里提取黄金，这种方法现在是采矿过程中的关键一步。这项工程显然不是骗局，而是一种诚心诚意的努力，不过所生产出的黄金数量显然微不足道，该项目很快就无法进行下去。①

围绕着这些尝试，人们展开了激烈的科学讨论，同时也从社会和伦理的角度展开了思考。如果人们能够轻松地生产低成本的合成金，现代经济会发生什么变化呢？法国社会学家、热诚的反种族主义者冉·芬诺（Jean Finot）在1912年告诫说，随着现代技术的发展，人们有可能从海水中提取黄金，发现新的金矿或把合成金的制造投入实际应用，因此在并不久远的未来，黄金供应量将大幅度提升，世界经济体系将会由此处于危险的境地。《纽约时报》解释说："经济稳定性的唯一基础就是黄金，如果黄金遭受这样的大起大落，那些仅以一定数量的黄金作为财富象征的人，又会陷入什么样的处境呢？"《纽约

---

① 布雷特·J. 斯塔布斯（Breet J.Stubbs）.《"来自黄瓜的阳光"：20世纪早期新南威尔士北部的海水提炼黄金计划》（' "Sunbeams from Cucumber"：An Early Twentieth-century Gold-from-seawater Extraction Scheme in Northern New South Wales'）.《澳大利亚历史考古学》（*Australasian Historical Archaeology*），XXVI (2008), pp.5—12.

时报》就这个问题询问居里夫人（Marie Curie）的意见，但她对上述说法的科学依据持有异议，认为"考虑制造黄金可能导致的经济后果"是"毫无价值的"，因为制造黄金的可能性还十分遥远。①

在 20 世纪，炼金术士的梦想随着制造黄金的科学能力的提升而告终。20 世纪 20 年代，科学家宣布他们通过水银和氦核爆炸方式合成出了黄金，但其他科学家很难重复这项实验，而能否重复是衡量知识科学性的关键标准。1941 年，为了应对战争，科学家们通过中子爆炸从水银中生产出了黄金的放射性同位素。1980 年，在诺贝尔奖获得者、钚的发现者、化学家格林·西奥多·西博格（Glenn Seaborg）的带领下，劳伦斯伯克利国家实验室（Lawrence Berkeley Laboratory）的一个研究小组利用核碰撞，把铋转化成为黄金唯一的稳定同位素，^{197}Au 也是目前发现的唯一以自然方式存在的稳定同位素。这些合成黄金的方式尚未对科学界产生巨大影响，尽管它们激起了一些想象力。到目前为止，还没有一种方式可以让人们从黄金合成中获利。

---

① 《如果制造出黄金，结果会怎样？》（"What Would Result if Gold were Made?"）．《纽约时报》（New York Times），1912 年 10 月 6 日．

巨龙法夫纳（Fafnir）得到了安德瓦里的黄金，却因此引来杀身之祸。亚瑟·拉克姆（Arthur Rackham）的插画作品《齐格弗里德和诸神的黄昏》（1924）。

Dangerous Gold

VI 黄金之祸

世界各国的神话故事和文学作品无数次警告人们，要当心贪求黄金带来的危险，但是不论在神话中、在历史上，还是在当今世界，都很少有人能重视这些警告。公元13世纪成书的《埃达》是与德国《尼白龙根之歌》相对应的北欧神话史诗，其中讲到了矮人安德瓦里（Andvari）的故事，他有一枚可以制造黄金的戒指，他自己则可以变成一条鱼。恶神洛基（Loki）变成鱼的样子捕获了矮人，向他索要全部财富，包括可以创造财富的这枚戒指。矮人交出了戒指，却在此之前诅咒说这枚戒指将给拥有者带来毁灭。向来注重实际的洛基把戒指交给了诸神之父奥丁（Odin），奥丁把戒指给了赫瑞德玛（Hreidmarr），结果赫瑞德玛的儿子为了获得财富杀死了他，此后安德瓦里的咒语并未失效。1848年，在加利福尼亚的萨特磨坊发现了黄金，引发了加州的淘金热。在加利福尼亚北部科洛玛人的口述历史中，萨特试图同一位酋长就一个条约进行谈判时，酋长警告他说，他寻找的黄金"属于一个恶魔，这个恶魔会吞掉所有找寻黄金的人"。① 吞噬人们的恶魔仍在。我们将在这一章里详细描述，贪求黄金所引发的破坏力量在现实世界中对现实中的人有什么影响。

黄金的诅咒似乎带着某种扭曲的幽默感，在神话和小说里，通常没有人能从贪婪中获利。例如，公元1世纪的罗马诗人奥维德在《变形记》里为珀尔修斯的故事添加了一个独特的插曲。珀尔修斯刚刚杀死美杜莎时来到了巨人阿特拉斯（Atlas）的王国，他停下休息，并提到了他那著名的父亲宙斯，曾化身为黄金雨的神。阿特拉斯想起了一个预言：宙斯的儿子将偷走生长在他那金苹果园里的珍贵金苹果，于是他开始攻击珀尔修斯。这位恼怒的英雄拿出美杜莎的首级正对阿特拉斯，把他变成了石头山，众神决定把天空放到阿特拉斯坚实的石头肩上。珀尔修斯没能带着金苹果离开，没人能从事件中获益。②

这个主题重新出现在特拉文（B.Traven）的小说《碧血金沙》（1927）中，该小说在1948年改编成由亨弗莱·鲍嘉（Humphrey Bogart）主演的获奖电影。在这部影片中，三名贫困的美国矿工在墨西哥革命后努力获取财富，但贪婪和多疑导致其中一个矿工认为他的伙伴们计划抢走他的金子。他先动手抢了同伴，但是与阿特拉斯一样，他先发制人的暴力行为没有带来任何好处，他遭到了劫匪的伏击，然而劫匪没有意识到他的工具袋里装满金沙，他断气时，金沙也被风吹走了。弗兰克·诺里斯（Frank Norris）的小说《麦克提格》（1899）也有相似的结局。麦克

---

① 克利福德·E. 特拉泽，乔尔·R. 海尔（Clifford E.Trafzer and Joel R.Hyer）编.《灭绝：1848—1868年加州淘金热期间印第安人遭受的谋杀、强奸和奴役的文字记录》（*Exterminate Them: Written Accounts of the Murder, Rape, and Slavery of Native Americans during the California Gold Rush, 1848—1868*）.Lansing, MI, 1999, p.ix.

② 奥维德（Ovid）.《变形记》（*Metamorphoses*）. IV: 604—662.

凯鲁比诺·阿尔贝蒂（Cherubino Alberti）继卡拉瓦乔之后创作的《戴头盔的珀尔修斯将美杜莎的头带给阿特拉斯》（1570—1615）。

NALI BARBERINO

提格（McTeague）为了5000美元金币谋杀了他可怜的妻子，原因只是妻子拒绝与他分享这些金币。他企图逃到墨西哥，却被他的旧日朋友马库斯（Marcus）困在死亡谷。两人展开了搏斗，开始是为了最后几滴水，后来则是为了黄金。麦克提格杀死了马库斯，但是来之不易的财富最终无法让他免于渴死的命运。1924年，埃里克·冯·施特罗海姆（Erich von Stroheim）着手把这部小说拍摄成一部名为《贪婪》的电影，电影最初长达8小时，花了电影公司60万美元，大约相当于今天的800万美元。公司负责人欧文·托尔伯格（Irving Thalberg）换掉了埃里克·冯·施特罗海姆，把电影缩减到只有两个多小时。这样的删减总算弥补了花掉的银子。

有时，在受到适当的惩罚之后，贪婪的人也会看到他们的错误。在奥维德《变形记》中所描述的米达斯国王传奇中，酒神狄奥尼索斯（Dionysus）为了报答米达斯对森林之神西莱纽斯（Silenius）的仁慈，答应实现他的一个愿望。这位国王提出要把他触碰到的一切物体都变成黄金。神的恩赐很快就体现为一种诅咒，米达斯意识到他无法吃饭喝水，因为他一碰到食物和水，它们就会变成黄金。纳萨尼尔·霍桑（Nathaniel Hawthorne）1851年编写的《给男孩和女孩的神秘书》里写道，米达斯碰到他女儿时，女儿也变成了黄金。于是他后悔自己的贪婪，乞求狄奥尼索斯收回这个礼物。狄奥尼索斯告诉他到帕克托罗斯河沐浴，把点金术变成河水，这种河水后来让真正的克罗伊斯王十分富有。米达斯则退隐山林，崇拜潘神。

下页图：沃尔特·克莱恩（Walter Crane）的插画作品《米达斯国王和他的女儿》，选自纳萨尼尔·霍桑1851年编写的《给男孩和女孩的神秘书》。

MIDAS' DAUGHTER TURNED TO GOLD

米达斯并不是唯一一位被贪婪和傲慢引向灾难边缘的传奇国王。公元10世纪到11世纪波斯语世界的民族史诗《众王录》里，诗人菲尔多西（Ferdowsi）给人们讲起了一个名叫凯·卡乌斯（Kay Kāvus）的国王，能力超强，脾气无常。这位国王受到伪装成英俊青年的恶魔的蛊惑，命人为自己打造了一个黄金宝座，宝座由四只饥饿的鹰带到空中，系在御座上的大块的肉引诱着它们向前飞行。国王的目标是飞进天国，了解天国中人们的秘密，他一路飞到了中国，鹰过度疲惫无法继续飞行，宝座坠毁了，不过凯·卡乌斯幸免于难，对自己的做法非常后悔。[1]

关于危险的黄金的另一种传说，呈现出的是消失的金矿和埋藏的珍宝。"失踪的荷兰人金矿"是其中最出名的传说。据说金矿位于美国亚利桑那州的迷信山，不过地质学家怀疑该地区是否真的存在黄金。据说，在19世纪80年代或90年代，一位名叫雅各布·华尔兹（Jacob Waltz）的德国勘探者发现了一条含金量高的矿脉，但是遭到了阿帕奇人的袭击。袭击他的也可能是他贪婪的同伴，因为这个故事有许多不同的版本。他在死前至少向一个人讲述了自己的故事，并留下了一幅简略的地图。不巧的是，这张地图不够精确，未能定位金矿的具体位置。关于这个传说，还有其他一些说法，的确曾有一位名叫雅各布·华尔兹的德国移民，他在迷信山附近做了一些勘探，一块墓碑有助于人们辨认他的身份，不过还是无法确定他就是"消失的荷兰人"。他没有消失，不过他的矿山消失了。也许他只

---

[1] 费鲁扎（Firuza Abdullaeva），《国王的飞行：凯·卡乌斯、亚历山大，或为何天使有鱼》（*Kingly Flight: Nimrud, Kay Kāvus, Alexander, or Why the Angel Has the Fish*），佩尔西卡（Persica），23 (2010)，pp. 1—29.

1948年法语电影《碧血金沙》的海报。

是在临死时讲述了有关消失的金矿的故事,尽管他在大约20年前就已放弃采矿。无论如何,人们都愿意认为,这是个有助于推动该地区旅游业发展的有益传说。每年确实有几千人涌进山区寻找金矿,对于那些不太敢探险的人来说,还有一座名为"消失的荷兰人"的国家公园。但探险也会是致命的,一些寻宝人在寻宝时丢了性命，有人死得相当蹊跷，其中包括一名20世纪30年代冒险者，人们在他的头颅上发现了两个弹孔。①

　　距离新斯科舍海岸不远的橡树岛，是另外一个神秘宝库的所在地，不过谁也不知道那里究竟藏着些什么，尽管最有可能是海盗的战利品，甚至可能是基德船长的遗失宝藏，不过基德船长这个名字或许也是杜撰的。1701年的歌曲《基德船长告别大海，或著名海盗的挽歌》就宣扬说，那里藏有"200条黄金"。其他说法更不可信，例如认为那里藏着玛丽·安托瓦内特（Marie Antoinette）的珠宝，或者证明莎士比亚戏剧实属弗朗西斯·培根撰写的秘密文件。两百多年里，寻宝者已经在岛上一个被称为"钱坑"的地方进行过挖掘，并发现了令人难以理解的人类工艺的印记，比如石板、原木层和石头。一些报道说，这些石头上刻着神秘的符号。寻宝者的尝试一次比一次更精心，消耗的费用也更高，不过每一次尝试都以所挖的坑注满海水和寻宝者的破产告终，而且历年来至少发生过六次死亡事件，一切都是为了那可能不存在的宝藏。

　　当代的一个"钱坑"是20世纪90年代中期的Bre-X金矿丑闻。Bre-X采矿公司宣称已经在印度尼西亚发现一座巨大的金矿，因此他们的股票价格飙升，投资者蜂拥而上抢购该公司的股票，但是Bre-X公司采取了给样品加金粒进行伪造的卑劣手段，丑闻曝出后，该公司一夜之间破产倒闭，投资者损失了数十亿美元。②

----

① 科特·金特里（Curt Gentry）.《夺命山脉：寻找神秘消失的荷兰人金矿》（*The Killer Mountains: A Search for the Legendary Lost Dutchman Mine*）.New York，1968.

② 萨姆·罗（Sam Ro）.《黄金丑闻：震惊开矿业的60亿美元诈骗案内幕》（"Bre-X: Inside the $6 Billion Gold Fraud that Shocked the Mining Industry"）.《商业内幕》（*Business Insider online*），3 October 2014，www.businessinsider.com.

只要人们垂涎黄金，就会有人盗窃黄金。《美国西部编年史》写满了盗窃黄金的故事传说，一些大胆的蒙面盗贼冒死盗抢黄金，起初是从马车上，后来则是从火车上盗抢，但他们大多数只是不起眼的小人物。这类案件中的最大一桩发生在1877年，亡命之徒萨姆·巴斯（Sam Bass）带领他的布莱克山盗匪从联合太平洋公司的火车上抢走了新铸造的面值为20美元的金币，总价值大约6万美元，相当于今天的100多万美元。在大西洋的另一端，在1855年的黄金大劫案中，有胆识的窃贼从一列戒备森严的火车上偷走了91千克（200磅）的黄金。窃贼中包括守卫和铁路工作人员，他们弄到了装黄金的保险箱的钥匙，用铅块替换了黄金，因此没人注意到重量上发生了什么变化。不过这些窃贼最终都被绳之以法。①

　　更令人震惊的案件是1983年的Brink's-Mat抢劫案，当时一伙盗贼本以为他们是在抢劫现金仓库，结果却发现了价值2600万英镑的金条。当局很快就发现，这次抢劫案与大多数重大抢劫案一样，属于内部人员作案，但是他们连一根金条也没找回来。1984年该抢劫团伙的主犯被判入狱25年，1995年高等法院要求他偿还丢失的2600万英镑。2000年他被释放出狱。警方怀疑这批黄金中的大部分已被熔化，"据称，在一些地区，佩戴着1983年以后在英国购买的黄金珠宝的人，很可能就是佩戴着Brink's-Mat黄金。"② 有人可能会认为，这批黄金受到了诅咒。多达20人的死亡都与这起抢劫案有关，包括嫌疑团伙

---

① 迈克尔·罗宾斯（Michael Robbins）.《东南部黄金大劫案》（"The Great South-eastern Bullion Robbery"）.《铁路杂志》（*Railway Magazine*），CI/649 (May 1955), pp.315—317.
② BBC News.《布林克斯黄金：未解之谜》（"Brinks Mat Gold: The Unsolved Mystery"）.15 Aprli 2000，http://news.bbc.co.uk.

成员几起悬而未决的谋杀案,还有参与调查抢劫案的警察遇刺致死案。最出名的罪犯是查理·威尔逊(Charlie Wilson),他是臭名昭著的1963年火车大劫案的劫匪之一,参与了Brink's-

伊朗伊儿汗国时期的不透明水彩画《试图飞到天堂》,出自《列王记》手稿,用黄金和墨汁在纸上绘制。

Mat收益的洗钱工作。1990年,在西班牙,一位不知名的职业杀手在威尔逊的家门外射杀了他和他的德国牧羊犬。①

奴隶制，战争与环境破坏
Slavery, war and environment costs of gold mining

淘金热引发的上述悲剧影响范围不大，只会造成少数人的死亡。但是开采黄金的实际情况要可怕得多。除了简单的淘金之外，其他任何层面的金矿开采都会导致环境受损，而且要抵达地表深处的矿脉需要消耗大量资源，这也意味着矿业公司对员工的福利或许没那么关注。

采矿，尤其是地下采矿，是项肮脏、危险的工作。美国劳工统计局警告说，即使有严格的管理，有现代的配套设施，"包括塌方、矿井火灾、爆炸或暴露于有害气体的危险都会发生。此外，矿井钻探产生的灰尘，依然让矿工有可能感染两种严重肺病中的一种，那就是尘肺病，也称'黑肺病'，主要因煤尘导致，或是由岩粉引起的矽肺病。"在管理不严的环境里，情况可能要糟糕得多。②

关于采矿的艰辛的最早记录，出自公元前1世纪的希腊历史学家狄奥多罗斯（Diodorus Siculus）。在《历史丛书》中，狄奥多罗斯描写了那些在埃及托勒密王朝努比亚金矿采矿的奴隶。

---

① 马特·罗珀（Matt Roper）.《愚人的黄金：Brink's-Mat抢劫案的诅咒》（"Fool's Gold: The Curse of the Brink's-Mat Gold Bullion Robbery"）.《镜子》（*Mirror*），12 May 2012，www.mirror.co.uk.

② 美国劳工统计局（U.S.Bureau of Labor Statistics）.《2010—2011行业职业指南》（*2010—2011 Career Guide to Industries*）. 可访问 bls.gov.

> 那些注定以此种方式劳作的人，人数众多，都用链子拴着，夜以继日不停忙碌，全无休息时间。他们在棍棒驱赶下被迫坚持劳动，无一例外，直到因为虐待，在折磨中死去。那些可怜、不幸的人们遭受的惩罚超乎想象的严酷，认为未来只会比现在更加可怕，因此，他们求死的愿望更甚于求生的愿望。[①]

利用奴隶开采黄金的事情屡见不鲜。在18世纪70年代，日本的德川幕府曾把流放人员送到佐度省金矿做运水工。

1886年，人们在今天南非德兰士瓦省威特沃特斯兰德地区发现了大型金矿区，由此引发了持续数十年的冲突。该地区的殖民者是崇尚残酷个人主义的布尔人（Boer一词来自表示"农民"的荷兰语单词），组成这些殖民者的是荷兰定居者、法国胡格诺派教徒和逃离欧洲宗教迫害的加尔文教徒。布尔人需要更多的人为他们开采新发现的金矿，因此勉为其难地雇用了"外来人员"，尤其是英国矿工。外来人员的数量很快超过了布尔人，他们开始要求政治和经济权力，而这些权力是布尔人不愿意给予的，因为那样他们将会失去对国家的控制权，而这个国家是他们在这个世纪的早些时候为了逃离英国统治而建立起来的。1895年，英国支持政变者发动了推翻布尔政府的事变，但没有成功。1899年，谈判破裂，布尔人要求英国人撤回集结在德兰士瓦边境的军队，而英国人要求布尔人立即给予在德兰士瓦的

---

① 狄奥多罗斯·西库路斯（Diodorus Siculus）.《历史丛书》（*Bibliotheca historica*）.奥尔德法特（C.H. Oldfather）英译.Cambridge, MA, 1935, 5.38.

英国定居者正式的市民身份。战争爆发了，在这场代价高昂的、血腥的冲突中，人数不占优势的布尔军队采取游击战术，对抗实力强大得多的英国军队。英国军队在基奇纳勋爵（Kitchener）的指挥下，以焦土政策回应，毁掉布尔人的农场，把平民赶进集中营。在这个集中营里，超过2.5万名南非白人妇女和儿童死于疾病和营养不良。①

在1904和1907年之间，大约6.4万中国人签下为期三年的合同，长途跋涉来到南非采金区的矿井工作。这些受到契约约束的工人，亲身体验到了这项危害身体健康的行业在短期内的迅速发展。该行业也受到了战争的不良影响。到1910年，最后一批工人被遣返回国。在这短暂的几年里，他们忍受了极其恶劣的生活和工作环境，例如他们一天要在地下工作10个小时，要遭受白人矿主对他们身体的伤害以及中国矿警的残酷虐待。这些矿警受雇维持秩序，但是更有可能从事鸦片交易、组织卖淫、经营赌场，杀害不幸的债务人或迫使他们自杀。②

1849年的加利福尼亚淘金热在流行小说中获得了长久的生命力，这是一场一夜暴富与倾家荡产并存的狂欢，让勇敢而有进取心的白人置身于命运之神的微观世界中，与命运和自然抗争。马克·吐温和布莱特·哈特（Bret Hart）所写的故事非常受人喜爱，他们将采矿营地的悲惨状况浪漫化，把勇敢而有个

---

① 比尔·纳森（Bill Nasson）.《为南非而战：英布战争，1899—1902》（*The War for South Africa: The Anglo-Boer War, 1899–1902*）.Cape Town，2010.

② 盖里·科诺奇（Gary Kynoch）.《"你的起诉人处于极度恐惧"：南非中国矿工的暴力世界，1904—1910》（'"Your Petitioners Are in Mortal Terror": The Violent World of Chinese Mineworkers in South Africa, 1904—1910'.《南非研究》（*Journal of South African Studies*），XXXI/3 (September 2005), pp.531—546.

木刻作品《被榨干了的人》（1853），一位失败的加利福尼亚金矿矿工的漫画。

性的矿工塑造成了民族英雄，尽管大部分黄金都会被采矿公司收走。直到最近，历史学家还倾向于把淘金热美化为空前的人口迁徙这样的历史事件，却忽视了事件的后果。一些人的确发了财，但是绝大多数人面对的现实却是程度更深的严酷、贫穷和暴力。

《佐度省金矿》，安藤广重（Utagawa Hiroshige，后又名歌川广重）的浮世绘作品，1853 年 9 月。

每12个淘金者中就会有一个因淘金而死，或是死在前往采金区的路上，或是死在采金区，或是死在返回途中。死亡可能来自疾病、事故和暴力。在大多数人都是男性并且配备了武器的环境里，谋杀率飙升到每10万人中有500人被谋杀，几乎是美国目前谋杀率的100倍。一位医生估计，在1851年到1853年间，到达加利福尼亚的人会有1/5在半年内死亡。由于没有警察和法院，治安维持会推行强硬政策，在1849年到1953年间，200多人在采金区死于私刑。①

各个种族的矿工都面临苦难，不过非白人矿工比白人矿工的情况糟糕得多。出生在美国之外的矿工必须缴纳高额税费才能工作，但是付钱并不意味着免遭暴力。墨西哥矿工遭到殴打和抢劫，在一个营地，16名智利矿工被以各种莫须有的罪名处死。中国矿工在刑事诉讼和民事诉讼中不可做出不利于白人的证言证词，在诉讼时被强制驱逐，有时会遭到谋杀。1862年，加利福尼亚州立法委员会承认：他们对该州的中国人实施了一系列侵权和凌辱行为，这是很多人都知道的事实，即使是世上最野蛮的民族都会因这种行径而蒙羞。②

受虐待最严重的是印第安人。在1844年，加利福尼亚的印第安人约为12万，但是到了1870年，他们的人数只剩下3万左右。在淘金热的头十年里，白人的数量上升了2000%。印第安人死于疾病、暴力和饥饿，他们传统的土地先是被白人职业

---

① 凯文·斯塔尔（Kevin Starr）.《加利福尼亚：一部历史》（*California: A History*）.New York，2005.

② 引自陈素珍（Sucheng Chan）《一个具有异常特征的民族 加利福尼亚淘金热中的种族多样性，本土主义和种族主义》（"A People of Exceptional Character: Ethnic Diversity, Nativism, and Racism in the California Gold Rush"）.《加利福尼亚历史》（*California History*）. LXXIX/2 (2000), pp.44—85.

猎手侵占，而后被农场主侵吞。印第安人甚至被人从整个图景中抹去了。1848年1月在萨特锯木厂发现第一批天然金块，点燃淘金热的，可能正是来自迈杜部落的工人，而不是他们的白人监工。加利福尼亚北部的温图部落在短短三年里遭受白人定居者虐待的悲惨故事，完全是淘金热中本地人的体验的缩影。1850年，白人给温图人带来了一顿"友谊盛宴"，为他们提供有毒的食物，毒死了100个温图人。1851年，矿工烧毁了温图委员会的一栋房屋，造成300人死亡。在1852年的大桥峡谷大屠杀中，白人袭击了一个温图营地，导致175人死亡。加利福尼亚首任州长彼得·伯内特（Peter Burnett）说，"可以肯定，一场种族灭绝的战争将继续在种族之间上演，直至印第安人绝迹"。这反映了许多加利福尼亚白人的想法。① 历史学家罗伯特·海因（Robert Hine）和约翰·法拉格（John Faragher）在谈到这项灭绝政策时总结说，"这是美国边疆史上最

向国王呈递金块和戒指的努比亚人，墓室壁画，公元前1400年左右。

---

① 塔夫泽（Trafzer），海尔（Hyer）编.《灭绝他们》（*Exterminate Them*）.

赤裸裸的种族灭绝事件。"① 这在淘金热期间是意料中的事。在澳大利亚的维多利亚和新南威尔士，发现黄金后的十年间，白人数量的增幅超过了400%，而土著居民的数量下降为不到原来的一半。②

尽管加利福尼亚规定奴隶制度不合法，但事实上，成千上万的印第安人在《1850年印第安人管理和保护法案》下遭到奴役。根据该法案，白人雇主可以认定印第安人有罪，可以用契约约束无力偿还个人债务的印第安人，还可以合法地把印第安儿童诱拐到私人住宅，让他们成为受剥削的"学徒"，一直劳作到近三十岁。非法的奴隶贸易迅速应运而生，让大量印第安儿童成为仆佣或农业工人，从而弥补在以男性为主的淘金热中妇女和儿童短缺的局面。③

北美其他地区的印第安人也受到了贪求黄金的白人的虐待。美国政府与大平原地区夏安部落和苏族部落签订了《1868拉勒米堡条约》，承认拉科塔族对南达科他布莱克山的所有权。但是乔治·阿姆斯特朗·卡斯特（George Armstrong Custer）在探索性勘测中发现了该地区有大型金矿，于是总统尤利西斯·辛普森·格兰特（Ulysses S. Grant）决定不实施该项条约的条款。白人矿工潮水般涌入布莱克山时，不可避免地要与拉

---

① 罗伯特·海因（Robert Hine），约翰·法拉格（John Faragher）.《美国西部：一部新的阐释史》（*The American West: A New Interpretive History*）.New Haven, CT, 2000, p.249.

② 大卫·戈德曼（David Godman）.《寻金：19世纪50年代的维多利亚州和加利福尼亚州》（*Gold Seeking: Victoria and California in the 1850s*）.Stanford, CA, 1994.

③ 迈克尔·马格里瑞（Michael Magliari）.《自由国家的奴隶制度：加利福尼亚萨克拉门托山谷失去自由的印第安劳工和奴隶贸易，1850—1864》（"Free State Slavery: Bound Indian Labor and Slave Trafficking in California's Sacramento Valley, 1850—1864"）.《太平洋历史评论》（*Pacific Historical Review*），LXXXI/2 (May 2012), pp.155—192.

反映加利福尼亚淘金热的平版画《原来如此》，1849年亨利·塞拉尔（Henry Serrel）和S·李·珀金斯（S Lee Perkins）用布纹纸所作。

《加利福尼亚的采矿生活——中国矿工》。《哈珀周刊》1/40（1857年10月3日）第632页。

CALIFORNIA.

科塔族发生冲突，于是美国政府试图购买这里的土地。在购买谈判失败后，政府诉诸武力征服。在这场战争中最著名的插曲是小大角战役。由坐牛（Sitting Bull）和疯马（Crazy Horse）领导的拉科塔族、北夏安族和阿拉巴霍族组成的联盟彻底摧毁了卡斯特和他的第七骑兵队，但胜利只是昙花一现，很快美国政府就控制了这一地区。[1]

多年来，甚至很多个世纪以来，淘金热一直在破坏自然环境。成千上万的人涌入加利福尼亚，这意味着人类闯入了自然区域，导致大灰熊、金海狸、图莱麋鹿、叉角羚以及许多其他物种近乎灭绝。矿工需要吃饭，牛羊的数量增加到数百万头，它们吞食天然牧草，让大片土地退化为不毛之地。这就是采矿的典型后果，最近对加纳西部的研究发现，地表采矿已经导致当地失去了几乎60%的森林和50%的农田。[2]

1860年以后，规模更大的采矿公司采取了水力采矿方式，大水往往会冲垮整面山坡。淤泥和杂物顺流而下，堵塞河道，造成洪灾泛滥，发生在1862年的洪灾淹没了萨克拉门托州议会大厦的首层。直到1884年，加利福尼亚才禁止水力采矿，采矿公司的游说力量可见一斑。

水力采矿结束后，破坏仍未停止。在加利福尼亚的淘金热期间，采矿活动把多达3630万千克（800万磅）的汞排放到了

---

[1] 苏族人从来没有认可美国对布莱克山的所有权，1980年美国最高法院发现，美国政府已经违反了《拉勒米堡条约》的条款，未能向苏族人支付土地款。根据该条约规定，美国政府还需支付100年的利息，总金额超过1亿美元。苏族人拒绝接受这项判决，要求归还他们的土地。这笔钱仍然保存在印第安事务局的一个账户里，加上复利，到2010年已经达到5.7亿美元。

[2] Vivian Schucler, Tobias Kuemmerle and Hilmar Schröder.《加纳西部露天采金对土地利用系统的影响》（"Impacts of Surface Gold Mining on Land Use Systems in Western Ghana"）.《人类环境杂志》（Ambio），XL/5 (July 2011), pp. 528—539.

《卡斯特将军的垂死挣扎：小大角战役》（1878），斯特因奈格（H.Steinegger）借鉴雷德蒙德（S.H. Redmond）在纸上画的平版画。

环境中，致使一些湖泊和河流中的鱼食用起来极不安全。使用汞在全世界的手工淘金者中依然很普遍，导致各种持续的健康问题。例如，在亚马孙盆地的小规模淘金活动中，水银的使用已经导致本地居民和矿工汞中毒，因为这些居民食用了受污染水域的鱼，而矿工缺少适当的安全设备，吸入了含汞的烟气。汞会损害儿童的认知和神经发展。秘鲁的一个地区因非法采矿而声名狼藉，在最近对该地居民的一项调查中，儿童体内的汞含量高出安全含量3倍。2013年，140个国家联合签署《水俣限汞公约》，力图在世界范围内限制汞的使用。该公约禁止开采新的汞矿、使用含汞电池和其他某些电子产品，却没有规定禁止小型黄金开采中汞的使用。

并非每次淘金热都会导致如此糟糕的结果。在20世纪30年代大萧条期间的"汽车淘金热"中，非专业的淘金者选择了大约一个世纪前就已在加利福尼亚淘金热中被淘空的区域。联邦政府鼓励这项活动，印刷小册子指导业余淘金者如何搭建并操作基本的淘金设备，同时认为这样做是合理可取的，因为在荒野淘金要比排队领取救济食物更加可取。[①] 然而，没有不幸的淘金活动只是例外。

我们需要牢记淘金热并未过去，这一点十分重要。随着黄金价格的继续上涨，人们还在继续寻找新的、未开采的金矿。即使是小型的淘金热也会很快对人类和环境造成损害。2007年，一名巴西数学老师在网站上发帖说，Apui地区的矿工铲出了表层金。短短几个星期就有数以千计的采矿者来到这里，金矿开采带来了城镇的繁荣,酒吧老板和五金商赚到的钱比矿工更多。

---

① 查尔斯·华莱士·米勒（Charles Wallace Miller）.《汽车淘金热和经济大萧条时期的采矿》(*The Automobile Gold Rushes and Depression Era Mining*).Moscow，ID，1998.

一些人的确一夜暴富，一位老矿工在两周稍多的时间里挖出了价值1.9万美元的黄金。但是与大多数淘金热的情况一样，大部分矿工都是垂头丧气地离开，或者染上了在该地区重新肆虐的疟疾。①

尽管多数情况下使用汞已属非法，但是在工业采矿中使用的其他化学品也会对环境和生活在那里的人造成巨大灾难。2000年1月30日，大约10万立方米废水溢出大坝，流入罗马尼亚巴亚马雷的奥鲁尔金矿边的索梅什河。据估计，河水遭到了100吨氰化物的污染，这些氰化物是用氰化法提取低品位矿中的黄金时产生的副产品。受污染的河流长度超过3000公里（1865英里），氰化物顺流而下注入匈牙利境内的提萨河，从提萨河流到多瑙河，又向外流入黑海，污染了250万人的饮用水，导致1400多吨鱼死亡。

奥鲁尔金矿运营不到一年，但是巴亚马雷地区的黄金开采历史已经超过了两千年，可以追溯到罗马时代。严重得不可救药的污染直到20世纪才出现。世界卫生组织报道称，一些成年居民体内的铅含量高出正常水平的两倍，一些儿童体内的铅含量高出正常水平的六倍。流经巴亚马雷的萨尔河，砷含量和铅含量超出许可含量数百倍，被称为"死河"。②

环境和健康问题从最初就一直困扰着金矿开采业，20世纪60年代采用的氰化物堆浸法更是增加了环境风险。在这个

---

① 汤姆·菲利普（Tom Phillips）.《巴西矿工成群结队来到"新兴黄金国"》（'Brazilian Goldminers Flock to "New Eldorado"'）.《卫报》（在线）（The Guardian [online]），11 January 2007, www.theguardian.com.

② 联合国环境规划署（United Nations Environmental Programme）.《氰化物在罗马尼亚巴亚马雷泄露：泄露之前、之中和之后》（The Cyanide Spill at Baia Mare, Romania: Before, During, After）.Szentendre，2000.

过程中，采矿公司把低品位矿石渣堆到一起，然后把氰化物溶液倒在上面，用氰化物吸附矿石中的黄金，使矿石溶解于水，再通过一种化学过程，从矿渣堆底部滤出的水里提取黄金。用这种方式提炼打造一枚婚戒所需的黄金，将产生多达20吨的废料。

这些废料存储在池塘里、大坝背后、洞穴之中和其他自然场地。废料泄漏是经常发生的事，令人十分苦恼。1995年，圭亚那大坝溃决，导致25亿升受氰化物污染的水流入该国的主要水道埃塞奎博河。1996年，菲律宾的一条隧道坍塌，向26公里长（16英里）的河水注入400万吨含氰化物、镉、铅、汞的泥状物质。在巴布亚新几内亚，一家美国公司把尾矿通过管道倒入大海的深沟，结果管道在1997年7月断裂了。即使在管道损毁以前，也已有数亿吨废物流入海洋，导致周围的海洋生物窒息而死。[1]

禁止氰化法的努力在很大程度上是不成功的，尽管也有例外。1998年，人们投票发起的一项禁令在蒙大拿通过，并得到州最高法院的支持，可是科罗拉多州几个县和南达科他州一个市的投票人虽然赞成类似的措施，却并不那么幸运，因为法院裁决认为，这些措施违反了州法律和联邦法律。欧盟等大型机构拒绝彻底禁止氰化法，但是个别国家已经宣布氰化法不合法，例如捷克共和国和哥斯达黎加。[2]

---

[1] 斯科特·菲尔茨（Scott Fields），《玷污地球：金矿开采中不可告人的秘密》（"Tarnishing the Earth: Gold Mining's Dirty Secret"），《环境健康视角》（*Environmental Health Perspectives*），CIX/10 (October 2001)：A474—A481.

[2] 詹·拉迪奥斯（Jan Latios），《氰化物条例的当前情况》（"The Current Status of Cyanide Regulations"），《工程与采矿》（*Engineering and Mining Journal*），24 February 2012，www.e-mj.com.

那么，为什么黄金氰化法仍在使用呢？这种方法的确危险，但是与使用汞相比更为安全，汞是以前从矿石中提取黄金最常用的方法，也是迄今为止成本最低、效率最高的方法。但是希望有时会出现在意想不到的地方，比如伊利诺伊州埃文斯顿市西北大学化学实验室的一个试管。2013年，博士后刘志昌将氯金酸钠溶液与玉米淀粉中提取的环糊精溶液混合后，十分惊讶地发现，这种方法可以比氰化法更有效地分离黄金，而且毒性比氰化物更小。在本书写作时，他的团队正在苏格兰化学家弗雷泽·斯托达特（Fraser Stoddart）带领下，开发从废合金中分离黄金的安全可行的方法。[1]

黄金：21世纪初的危机
Dangerous gold at dawn of the twenty-first century

由于一些相关的原因，黄金的价格在过去几十年里大幅上涨。新投放市场的黄金并不多，因此需求的任何增长对有限的供应而言都意味着价格上升。在经济不稳定的时期，例如在2008年那场席卷世界的金融危机中，投资者转向黄金，认为即使货币贬值，黄金仍能保值。在中国和印度这类国家，经济的迅速增长意味着更多的人有更多的钱投资。印度试图通过征收惩罚性的高额进口税限制黄金进口，但这导致黄金走私的猖獗，近年来引发了一些令人啼笑皆非的案例，例如在飞机的洗手间里发现价值110万美元的黄金，或者在游客的胸罩里查获467克（16.5盎司）黄金。

---

[1] 詹姆斯·厄科特（James Urquhart）.《有毒黄金的糖解决方案》（"Sugar Solution to Toxic Gold Recovery"）.《化学世界》（Chemistry World），15 May 2013，www.rsc.org.

在过去几年，包括格伦·贝克（Glenn Beck）和肖恩·汉尼提（Sean Hannity）在内的美国保守党评论员一直在敦促旁观者把钱换成黄金。贝克选择的投资是金线国际（Godline International）销售的古金币，而金线国际恰巧是他的电视和广播节目的赞助商之一。2012年，加利福尼亚法院要求这家公司退还受骗客户450万美元，这些客户受到误导，轻信了古金币相对于金条的价值。①

操纵黄金市场能让投资者富有，有时却也事与愿违。在1999年到2002年间，英国财政大臣（后来的首相）戈登·布朗（Gordon Brown）在黄金价格处于历史低谷时，十分不光彩地拍卖了50%以上的英国黄金储备。到了黄金价格飙升时，布朗只好暴露于指控之下，因为他让英国"丢了"数十亿英镑。以事后之明批评布朗很容易，与他卖出黄金时相比，那些黄金的价值已经涨了数十亿英镑。然而情况比这复杂得多。英国用销售黄金的收入投资证券，虽然收益不如黄金，但是现在也价值不菲。有传闻说，布朗这样做是为了防止银行倒闭，也有人可能认为他没有做错。《金融时报》的艾伦·贝蒂（Alan Beattie）写道："如果投资者愿意，就让他们拿这闪光的金属赌博吧！对于大多数富有国家的政府而言，持有黄金在很大程度上仍然是无意义的行为。"他认为，期待政府操纵市场，尤其是操纵黄金市场这样不稳定的市场，实属愚蠢之举。这场辩

---

① Coinweek (online).《金线国际接到禁令，要求改变销售做法》（"Goldline InternationalPlaced Under Injunction, Ordered to Change Sales Practies"），22 February 2012，www.coinweek.com.

论也有可能继续升温。①

对黄金需求量的增加造成了现实中的后果。秘鲁、巴布亚新几内亚和刚果民主共和国这三个地区的情形十分明显，有助于我们更好地了解，垂涎黄金会让21世纪的人付出多少人力和环境成本。

自2000年以来，秘鲁的马德雷德迪奥斯地区（Madre de Dios region）一直受到淘金热的影响。非法采金活动毁掉了4万多公顷亚马孙森林。估计该地区有3万名非法采金者，他们中的大多数人来到这里，只因为除了采矿或给矿工提供服务之外，他们找不到其他养家糊口的办法。一个美国研究小组报告了各种事件的发生率，包括强迫劳动、使用童工、忽视工人的健康和安全状况、贩运年轻女孩强迫她们从事性交易。②

巴布亚新几内亚的波尔盖拉金矿一年要把600万吨废物倾倒进波尔盖拉河，大量重金属顺流而下，而这种行为在更发达的国家是违法的。自从1990年开矿以来，已有5万多人涌入矿区，大多数人是来选尾矿的。几年来，当地居民一直指控说，金矿安保人员会杀死或虐待这些"非法"矿工。

加拿大矿业巨头巴里克黄金公司于2006年买下这座金矿，

---

① 有人认为布朗是在防止一家主要银行破产，相关解释见托马斯·帕斯科（Thomas Pascoe）.《揭秘：为何戈登·布朗以最低价出售英国黄金》（"Revealed: Why Gordon Brown Sold Britain's Gold at a Knock-down Price"）.《电讯报》（在线）（The Telegraph[online]），5 July 2012, http://blogs.telegraph.co.uk. 关于为布朗做出的辩解，见艾伦·贝蒂（Alan Beattie）.《英国廉价出售大量黄金的举措正确》（"Britain Was Right to Sell Off Its Pile of Gold"）.《金融时报》（在线）（Financial Times [online]），4 May 2011, www.ft.com.
② 斯蒂芬妮·博伊德（Stephanie Boyd）.《秘鲁金矿麻烦不断谁之过》（"Who's to Blame for Peru's Gold-mining Troubles?"）.《纽约客》（在线）（New Yorker[online]），28 October 2013, www.newyorker.com.

巴里克黄金公司年度股东大会外面的抗议者，2008 年，多伦多。

不过情况并无太多改观。人权观察组织指控巴里克保安部队实施一系列虐待行为，包括频繁轮奸非法矿工，还有一些指控也得到了哈佛大学、纽约大学和联合国研究小组的证实。值得注意的是，2010年10月，在哈佛大学／纽约大学研究小组向加拿大政府提交了类似调查结果之后，由于遇到了加拿大黄金开采公司的强大压力，众议院仍未能通过要求适度监管加拿大公司海外人权记录的法律。尽管巴里克采取措施控制虐待行为的发生，但是在2013年12月仍然发生了暴动事件，起因是私人保安部队和政府警察杀死了四名当地居民。①

刚果民主共和国的情况甚至更糟。1998年爆发的第二次刚果战争，让350万人死于暴力、遗弃、饥饿和缺乏医疗救助。在这次战争中，卢旺达和乌干达的武装力量与他们在1996年建立起来的刚果独裁政府展开了对抗。2002年签署的一系列条约结束了大部分战斗，但在伊图里东北地区，暴力冲突仍然持续。该地区是世界上矿藏最丰富的采金区之一，人们已对大规模屠杀司空见惯，BBC估计，在1998年到2006年间，仅在伊图里就有6万多人死于暴力。

冲突不仅由地方对抗引发。跨国公司为了寻找黄金含量高的金矿，会与有战争犯罪和践踏人权记录的武装组织谈判，由跨国公司为武装组织提供资金支持和后勤保障，武装组织则提供开采金矿的路径。这样的准备工作，为遭受战争破坏的地区铺设了一条"冲突黄金"通道，让价值数百万美元的刚果黄金经过乌干达运到欧洲的精炼厂。这些欧洲公司选择

---

① 人权观察组织（Human Rights Watch）.《代价昂贵的黄金红利：巴布亚新几内亚波尔盖拉金矿的人权危机》（*Gold's Costly Dividend:Human Rights Impacts of Papua New Guinea's Porgera Gold Mine*）.人权观察组织，2011，available at www.hrw.org.

从另一个角度来看问题，完全无视这样的事实：它们拒绝接受黄金来源的调查，等于是帮助战争罪犯继续剥削刚果民主共和国的人民。①

富有的国家正在采取措施，降低开采金矿造成的危害。2013年，瑞士当局对瑞士精炼厂亚格-贺利氏（Argor-Heraeus）展开犯罪调查，指控该公司在2004年和2005年加工了3吨来自刚果民主共和国武装组织的矿石。在美国，《2010年多德-弗兰克华尔街改革和消费者保护法》要求各公司公开所使用的来自刚果民主共和国或周边国家的冲突地区的矿物情况，规定2016年是各公司独立彻查冲突矿物供应链的最后期限。采矿公司应遵守各项安全与人权的自愿原则，这些原则由各个政府、非政府组织和行业提出，旨在引导精炼公司保障安全生产、遵守人权原则、尊重基本的自由。

自从2005年以来，迫于来自"地球工程""牛津饥荒救济委员会"等积极行动团体的压力，已有400多家珠宝公司承诺，不从环境和人权记录不良的公司购买黄金。志愿加入"责任珠宝业委员会"的成员发誓要追踪其黄金的来源。不过由于这是自愿行为，即使公司未能遵守规则也不会受到强制约束。批评人士则指出，遵守规则的公司数量很少。

要让公司对它们所获黄金的来源承担更多责任，或许公众舆论是最有效的方式。在2013年7月，针对新的《多德-弗兰克法案》的执行情况，全球咨询公司普华永道会计事务所调查了近700家公司。大部分公司表示，如果它们不遵守规定，可能会面临客户流失、对品牌声誉的抵制和损害，它们在意营

---

① 人权观察组织（Human Rights Watch）.《黄金的诅咒：刚果民主共和国》（The Curse of Gold:Democratic Republic of Congo）. 人权观察组织，2005，available at www.hrw.org.

业收入上的负面效应。①

然而，工业协会、政府和非政府组织所做出的努力都无法解决根本问题。开采金矿在本质上对环境和采矿的人都是有害的，只要有人愿意为黄金付出高价，就会有人去从事这种肮脏的工作，挖出更多的黄金。

在这本书中，我们首先呈现的就是人类最早使用黄金的情况——把黄金穿戴在身上。在人类发现并开始使用黄金的数千年后，每年开采的黄金仍有大部分用于装饰。一些评价认为，通过回收利用人们不想要的珠宝和废弃电子产品，可以得到工业需要的全部黄金。正是对黄金饰物的持续渴求，让人们付出了环境和生命的代价。正如斯蒂芬妮·博伊德（Stephanie Boyd）在《纽约客》上描写秘鲁马德雷德迪奥斯的风光时所写的："如果黄金的真正代价是环境破坏、青少年卖淫和强迫劳动，也许黄金婚戒就不是爱与信任的如此重要的象征了。"②

---

① 普华永道会计事务所（PricewaterhouseCoopers）.《多德－弗兰克法案第1502节：冲突矿物》（"Dodd-Frank Section 1502: Conflict Minerals"）.accessed 8 October 2015.

② 博伊德（Boyd）.《秘鲁金矿麻烦不断谁之过？》（"Who's to Blame for Peru's Gold-mining Troubles?"）.

协会和网站

炼金术网站
www.levity.com/alchemy

美国钱币协会
www.money.org

美国钱币学会
www.numismatics.org

大英博物馆花旗金融画廊
www.britishmuseum.org/explore/themes/money.aspx

英国钱币学会
www.britnumsos.org

加州采矿与矿物博物馆
www.parks.ca.gov

田野博物馆（芝加哥）：黄金
archive.fieldmuseum.org/gold

材料、矿物和采矿协会（IOm3）
www.iom3.org

金叶学习中心
www.philamuseum.org/micro_sites/exhibitions/leavesofgold/learn

采矿历史协会
www.mininghistoryassociation.org

加拿大矿业监察
www.miningwatch.ca

黄金博物馆
www.banrepcultural.org/gold-museum

美国国家矿业协会
www.nma.org

东方钱币学会
www.onsnumis.org

抗议巴里克
www.protestbarrick.net

皇家钱币学会
www.numismatics.org.uk

世界黄金协会
www.gold.org

致谢

助理研究员凯特·阿吉雷(Kate Aguirre)和安娜-克莱尔·斯坦斯普林(Anna-Claire Stinebring)都在很长时间里从事本项目的研究,为这本书的完成做出了巨大贡献。亚历克斯·马拉奇尼(Alex Marraccini)和南希·特博(Nancy Thebaut)也提供了一流的科研帮助。对于苏珊·普雷斯顿·布利尔(Suzanne Preston Blier)、克劳迪娅·布里滕纳姆(Claudia Brittenham)、朱莉娅·科恩(Julia Cohen)、霍利·爱德华兹(Holly Edwards)、威廉·埃特尔(William Etter)、罗伯特·S.内尔逊(Robert S.Nelson)和布莱恩·罗宾逊(Brian Robinson)等专家的建议,我们表示由衷的感谢。我们要感谢为本书提供图片的图片所有者,我们还要感谢威廉姆斯学院及其艺术史的研究生课程,感谢威廉姆斯学院图书馆和克拉克艺术学院图书馆为本书编撰提供了良好的环境和丰富的资源。

2012年,杰西·奥利弗·佐拉-菲利普斯(Jesse Oliver Zorach-Phillips)进入了我们的生活,否则本书会完成得更快,却也不会有这么多令人愉快的插曲。谨以此书献给他,希望在他成长的世界里,更有价值的是和平与正义,而不是黄金。

出 品 人：许　永
责任编辑：许宗华
责任校对：雷存卿
封面设计：海　云
版式设计：李双鑫
印制总监：蒋　波
发行总监：田峰峥
投稿信箱：cmsdbj@163.com
发　　行：北京创美汇品图书有限公司
发行热线：010-59799930

创美工厂
微信公众平台

创美工厂
官方微博